IL PENSIERO GIAPPONESE

Pubblicato in accordo con Lorem Ipsum | Agenzia Editoriale, Milano

Immagini: © Franzi / Shutterstock (aperture di capitolo),
Archivio Giunti pp. 129, 130, 251

Editing e redazione: Silvia Rogai

www.giunti.it

Via Bolognese, 165 - 50139 Firenze - Italia
Via G.B. Pirelli, 30 - 20124 Milano - Italia
Prima edizione: novembre 2020
Quarta ristampa: febbraio 2022

FSC
www.fsc.org
MISTO
Carta da fonti gestite in maniera responsabile
FSC® C023419

Stampato presso Lego S.p.A., stabilimento di Lavis

LE YEN MAI

IL PENSIERO GIAPPONESE

VIAGGIO NELLO STILE DI VITA DEL SOL LEVANTE

GIUNTI

INDICE

13 **Attraverso il Kansai, 2019**

19 **Wabi sabi: elogio dell'imperfezione**

Wabi sabi indica la bellezza imperfetta, impermanente e incompleta. Si tratta di una visione del mondo fondata sulla capacità di accogliere la transitorietà delle cose e di riconoscere la bellezza anche nell'imperfezione.

37 **Kaizen: come si abbraccia il cambiamento, imitando e migliorando**

Kaizen coniuga il concetto di "cambiamento" (*kai*) e quello di "miglioramento" (*zen*) e indica in sostanza una lenta evoluzione positiva, costante e graduale, che non stabilisce obiettivi lontani e fuori portata, ma si concentra sui piccoli passi da compiere ogni giorno per avvicinarsi alla meta.

57 **HANAFUBUKI: ATTRAVERSO LA TEMPESTA (DI FIORI DI CILIEGIO)**

Hanafubuki (letteralmente "nevicata di fiori di ciliegio") è il momento magico in cui i *sakura* iniziano a cadere creando una delicata tormenta di petali. Questo concetto di bellezza effimera è una metafora della vita umana, ricca e bella ma anche fragile e fugace.

77 **OMOIYARI: L'IMPORTANZA DELLE (ALTRUI) EMOZIONI**

Il significato principale di *omoiyari* è la sensibilità di un individuo di immaginare i sentimenti e le questioni personali del prossimo, comprese le circostanze. Quando i giapponesi sentono la gentilezza altrui nei loro confronti e ritengono sinceri i sentimenti, i pensieri e i comportamenti di qualcuno, ne apprezzano profondamente l'*omoiyari*.

97 **KINTSUGI: UN AGGIUSTATUTTO PER L'ANIMA**

Il *kintsugi* o *kintsukuroi* è l'arte giapponese di riparare con l'oro gli oggetti in ceramica andati in frantumi. In questo modo ciò che si rompe non viene accantonato o gettato, ma acquista un nuovo valore.

119 **NINTAI: SCRIVO PAZIENZA, LEGGO PERSEVERANZA**

Nintai non vuol dire solo "pazienza", ma significa anche nascondere la fatica, tollerare in silenzio le difficoltà, resistere all'ansia del tempo. Aspettare. Le cose di valore difficilmente si ottengono subito o per caso. Ci vuole pazienza.

137 **ITADAKIMASU: BONTÀ E FELICITÀ NASCONO DALLA GRATITUDINE**

Itadakimasu è molto più del nostro semplice "buon appetito". Questa parola infatti racchiude un significato molto profondo: "ricevere con umiltà". È così che si ringrazia chi ha preparato il cibo, ma anche chi a monte ha lavorato per fare in modo che il pasto che stiamo per consumare si trovi ora sulla nostra tavola.

153 **OMOTENASHI: CONOSCERE IN ANTICIPO I BISOGNI ALTRUI**

Omotenashi è una parola giapponese che in italiano viene banalmente tradotta con il termine "ospitalità", un'interpretazione che perde però il significato profondo e le diverse sfumature che caratterizzano questo termine. *Omotenashi* è la capacità di prevenire i desideri e le aspettative dell'altro prima ancora che questo le manifesti esplicitamente.

175 **SHINRIN-YOKU: ANCORATI ALLA TERRA, FUORI DALLO SPAZIO E DAL TEMPO**

Shinrin-yoku (in italiano "trarre giovamento dell'atmosfera della foresta" o "bagno nella foresta") è una speciale terapia del benessere in cui si va alla ricerca di un luogo molto tranquillo tra gli alberi per ritrovare il contatto con la natura.

197 **HANASAKI: L'ARTE GIAPPONESE DI VIVERE PIÙ A LUNGO**

Hanasaki è una parola composta da *hana*, "fiore", e *saki*, "che fiorisce". Alla base di questo principio c'è la volontà di lasciar sbocciare la versione migliore del proprio io, per vivere più a lungo.

215 **KOI NO YOKAN: L'INELUTTABILITÀ DELL'AMORE**

Koi no yokan, premonizione d'amore. Leggermente diversa dal nostro "colpo di fulmine", questa espressione rappresenta la sensazione che si ha di un possibile innamoramento con una persona che si incontra per la prima volta.

223 **DANSHARI: L'ELOGIO DEL MINIMALISMO**

Danshari è un termine che deriva dal pensiero zen ed esprime il concetto giapponese di essenzialità. Un principio filosofico che evoca il rifiuto del vanto e dell'ostentazione, l'abbandono di ciò che costituisce un eccesso e di conseguenza la liberazione da tutto ciò che non è indispensabile.

243 **IKIGAI: LA RAGIONE PER CUI ALZARSI AL MATTINO**

Ikigai significa "ragione d'essere" e secondo i giapponesi tutto ha un *ikigai*. Trovare il proprio richiede una ricerca profonda e una forte introspezione: l'*ikigai* ci restituisce il senso della vita, ma dobbiamo lavorare sodo per riuscire ad afferrarlo.

263 **YŪGEN:
IO SONO PARTE DELL'UNIVERSO**

Yūgen è quel senso di stupore e meraviglia che sperimentiamo quando anche nel buio più completo riusciamo a provare un sentimento profondo di bellezza, beatitudine e pace. *Yūgen* descrive quella sensazione che sperimentiamo quando ci sentiamo in comunione con l'universo, quando percepiamo di essere un tutt'uno con ciò che ci circonda.

281 **MONO NO AWARE:
LA BELLEZZA NELLA FRAGILITÀ
E NELL'IMPERFEZIONE
DELL'ESISTENZA**

Mono no aware può essere definito come il pathos delle cose, un sentimento di partecipazione emotiva nei confronti dell'esistenza. È la contemplazione della bellezza seguita dalla sensazione nostalgica legata al suo incessante mutamento.

300 **CONCLUSIONE E
RINGRAZIAMENTI**

INTRODUZIONE

ATTRAVERSO IL KANSAI, 2019

Campagne fresche attraversate dal sole basso dell'alba, in un bel mattino autunnale. Tutto è estremamente coltivato e ancora verde: campi di mais, risaie, campi d'*ignami* con quelle belle foglie ornamentali che raramente si vedono nei nostri giardini. In quei campi, molta gente che lavora. Il nostro tragitto è tutto in pianura e non si coglie neppure un cenno delle tante montagne boscose che frastagliano il paese: come sembra lontana l'Europa!

C'è, nel verde dei prati, una profusione di fiori rossi, una specie di gigli di palude dai petali esili e arricciati, che somigliano a pennacchi di struzzo. In tutti i piccoli rivoli che circondano a quadrato le risaie quei fiori abbondano, formando ovunque degli eleganti orli di piume.

Piccole stazioni dai nomi strani; accanto agli edifici della ferrovia, accanto a tubi e macchine, ai grandi pilastri di cemento dello Shinkansen, trovano spazio in modo sorprendente vecchi templi dal tetto ricurvo con i loro *torii*, i loro alberi sacri, i loro piloni, i loro *yōkai*, demoni votivi. È disperato, eterogeneo, inverosimile, questo Giappone, con la sua immobilità di quindici o venti secoli e a un tratto la sua infatuazione per le cose moderne che lo ha colto come una vertigine. E a colpire ancora di più è la perfetta coesistenza di queste due anime.

La città dove sono atterrata e la prima in cui ho fatto tappa è Osaka: centro mercantile che del passato conserva ormai ben poco. Pochi templi, migliaia di vicoli tracciati a squadra, canali come a Venezia (molto ben nascosti), bazar di bronzo e porcellana, ma anche grandi superstrade, treni a monorotaia e la sensazione costante di trovarsi in un formicaio in movimento.

Da Osaka a Kyoto, le stesse campagne verdi e le stesse coltivazioni feconde, mentre cominciano ad affacciarsi lontane catene montuose piene di foreste. Alla penultima stazione sale nel mio scompartimento, con graziosi inchini, un'anziana signora dell'alta società che sembra uscita da un paravento con figure: le sopracciglia rasate con cura, una veste di seta con gru broccate, grandi fermagli di tartaruga appuntati tra i capelli radi. Scambiamo qualche parola in giapponese, poi mi addormento.

Kyoto! È lei a svegliarmi, battendomi sulle ginocchia tutta sorridente. *Arigato gozaimasu, okami-san!* Molte grazie, signora!

Una città immensa, Kyoto, con i suoi parchi, i suoi palazzi, le sue pagode; benché abbiano grosso modo lo stesso numero di abitanti, occupa un'area molto superiore a quella di Milano, la città da cui parto oggi per questo viaggio tra memoria e ricerca, nato da una fortunata collaborazione.

Il ricordo della vecchia signora mi riporta con la mente a Kyoto: la rivedo mentre racconta che la città è costruita tutta in pianura, ma circondata da montagne, come per accrescerne il mistero.

Disuguale, mutevole, bizzarra: Kyoto! Vie ancora chiassose, ingombre di decorazioni votive, di tralicci della luce, di pedoni, di biciclette, di cartelli variopinti, di stendardi stravaganti agitati dal vento. Quasi non si vedono autovetture. Talvolta si corre in mezzo al baccano e alle grida, altre volte nel silenzio della quiete perfetta, tra le vestigia di un grande passato. Si è al centro di bancarelle sfavillanti, tra stoffe e porcellane; oppure ci si avvicina ai grandi templi, dove i mercanti d'idoli aprono le loro botteghe piene di figure incredibili; o ancora si ha la sorpresa di entrare improvvisamente in un bosco di bambù, con i fusti straordinariamente alti ma così pigiati e fragili da dare l'impressione di essere minuscoli in un grande mare d'erba.

E che immenso coacervo religioso, che gigantesco santuario di adorazione è la Kyoto degli antichi imperatori! Tremila templi in cui riposano incalcolabili ricchezze, dedicate a ogni sorta di divinità o di animali. Palazzi vuoti e silenziosi dove a piedi nudi si attraversano sfilze di sale laccate d'oro, decorate con una stranezza rara e squisita. Boschi sacri con alberi centenari, i cui viali sono fiancheggiati da una legione di mostri di granito, di marmo o di bronzo.

È a Kyoto che mi aspetta una persona speciale, con cui condividerò gran parte di questo viaggio e che anzi fungerà da vera e propria guida: il mio amico Toshio, profondo conoscitore e amante della cultura giapponese. Sarà lui a farmi da guida in ogni tappa di questo incredibile viaggio.

Il mio accompagnatore mi attende all'arrivo in stazione. Una volta scesa dal treno, possiamo finalmente riabbracciarci dopo tanto tempo.

Ora siamo pronti.

Siamo pronti per partire insieme alla scoperta di questa meravigliosa città in cui ovunque, in ogni angolo e momento, abbiamo l'impressione di trarre un insegnamento, di avvicinarci un passo alla volta alla comprensione del pensiero giapponese, di diventare noi per primi persone migliori, più serene, più empatiche e in armonia con il mondo.

Siamo pronti per intraprendere questo viaggio per Kyoto in cui a ogni luogo, identificato da precise coordinate geografiche, corrisponde un concetto fondante della cultura nipponica.

Un viaggio reale o immaginario? A voi la scelta.

1

侘寂
Wabi sabi:
l'elogio dell'imperfezione

侘寂
Wabi sabi

L'elogio dell'imperfezione

Daisen-in
35°2'38.57"N 135°44'47.46"E

I nostri passi ci conducono fino al Daisen-in, nel parco del Daitoku-ji, grande complesso di templi nella parte Nord della città; di certo uno dei luoghi più indicati per respirare la vera cultura zen.

Siamo in un *saniwa*, ossia uno dei giardini di sabbia all'interno del cortile del tempio, e alla nostra vista si apre un paesaggio di rocce frastagliate tra cui scorre un piccolo fiume di sabbia, ricordo delle vicine montagne. Passeggiando lungo la veranda che vi si affaccia, si arriva a una pietra che rappresenta una barca ormeggiata nel mezzo del fiume stesso. Il nostro sguardo sembra essere attratto sempre più vicino. Svoltato l'angolo, il fiume si allarga e ci mostra due montagnole di sabbia. Aguzzando la vista si può cogliere l'increspatura della superficie. Infine, nient'altro che sabbia piatta: il mondo del *mu*, del nulla, nucleo stesso dello zen.

Ogni *saniwa* è concepito pensando a precise funzioni. Il lusso estremo, vale a dire l'assenza di funzionalità, manca. Lo zen è una faccenda estremamente seria. Il *mu* è una virtù, mentre il *muyo* – l'inutile – è un peccato. I giardini zen sono progettati in base a un disegno preciso, per agevolare la meditazione o scandire le tappe di un percorso di illuminazione. Per farla breve, chi ammira un giardino zen non lo fa gratis: deve pagare un prezzo spirituale per il piacere di cui gode.

Questa visione assume ancora più valore per il suo contrasto stridente con il Giappone contemporaneo, in cui l'odore predominante è quello del denaro e ogni cosa è lustra, perfettamente asettica. Ma la vera bellezza non è solo un tatami nuovo di zecca o un legno bianco immacolato: nel profondo del cuore della gente concetti come povertà, semplicità, imperfezione – tutti riconducibili al termine *wabi*, che significa "povero" o "semplice" e si riferisce all'uso di oggetti semplici e grezzi e alla mancanza di ostentazione – hanno in sé un senso di rilassamento e agio.

Sempre questa visione introduce me e Toshio alla scoperta del *wabi sabi*, quell'atteggiamento – per citare Yasunari Kawabata, uno degli spiriti guida di questa nostra passeggiata nonché uno degli autori preferiti del mio amico – che ci porta a scoprire la "bellezza nelle imperfezioni".

Riscoprire la bellezza dentro di noi

È proprio Toshio a farmi notare che l'atteggiamento interiore che condiziona lo stato d'animo, le motivazioni, la percezione della realtà e dei rapporti è un aspetto della personalità estremamente radicato in noi ed è il risultato della stratificazione di diversi elementi, in primis le esperienze che hanno caratterizzato il nostro passato e le persone che ci hanno cresciuto. Non necessariamente quindi rispecchia la nostra vera natura: talvolta è un approccio, un modo di fare che ci trasciniamo dietro. Perché qualcuno ci ha insegnato così. Perché gli altri hanno sempre fatto così. È per questo che ognuno di noi dovrebbe imparare a lavorarci.

Probabilmente non ce ne rendiamo conto. Non ci soffermiamo mai a riflettere sul modo in cui viviamo la vita di tutti i giorni, e anzi pensiamo che valga la pena farlo soltanto quando si tratta di massimi sistemi, ma la verità è che scoprire come funzioni il nostro approccio all'esistenza, imparare a interpretarlo e a modificarlo, è davvero fondamentale per il benessere interiore. Perché ne va della nostra serenità e pienezza. Della nostra realizzazione come persone.

Nell'immaginario giapponese un approccio su tutti insegna a regolarsi per vivere la vita in modo autentico, a nostra misura. Ed è proprio l'approccio *wabi sabi*, che si è sviluppato nei secoli fino a diventare una vera filosofia di vita per ritrovare la serenità, l'ispirazione e soprattutto la libertà con cui siamo nati. E di cui purtroppo ci siamo privati, a causa degli imperativi della società o di impulsi e credenze personali.

Il *wabi sabi* si basa sull'idea che nulla è eterno e che ogni cosa è incompiuta: dobbiamo soltanto allenarci ad accorgercene e ad accettarlo. Non appena ci riusciamo, se ci riusciamo, abbiamo la strada spianata per adattarci con maggiore prontezza ai cambiamenti che la vita ci impone. Per convivere con l'imperfezione e contemplarla finalmente come la più grande bellezza del mondo.

Per adottare questa filosofia è necessario prima di tutto scegliere di lavorare su un atteggiamento della nostra personalità di cui siamo poco soddisfatti, per riuscire ad accogliere una nuova visione del mondo. Occorre ragionare sui concetti di perfezione, felicità e successo per rendersi finalmente conto della loro natura illusoria.

Gli esperti di tale approccio narrano di un momento, sulla strada verso la consapevolezza di sé, in cui si fa concreto lo stato di *yūgen*, che tratteremo meglio in seguito. Nell'arte giapponese questo termine indica capacità misteriose che non possono essere descritte con il linguaggio umano, non a caso in italiano è intraducibile. Soltanto la parola "simbolismo" gli si avvicina. Nell'approccio *wabi sabi* lo *yūgen* indica una forma di conoscenza dell'universo talmente intensa da ispirare sentimenti ineffabili, non esprimibili a parole. È un'esperienza di massima sintonia tra il mondo in cui viviamo e noi stessi, ciò che siamo intimamente. In poche e più semplici parole, lo *yūgen* consiste nel trovare il proprio posto nel mondo e sentirsi completamente parte dello spazio in cui si vive, tanto da riconoscersi in esso, da trovarvi la propria identità.

Malgrado possa essere un concetto difficile da spiegare tanto quanto da capire, ognuno di noi dovrebbe imparare ad accettare l'imperfezione, a farne addirittura tesoro, non solo sulla nostra persona, ma anche in ciò che ci circonda: nell'ambiente casalingo o lavorativo e con le persone che amiamo.

Nel mio lavoro di professional organiser, quando conosco i miei clienti chiedo subito loro cosa vorrebbero cambiare dello spazio in cui vivono: alla lunga lo scopo della mia domanda è aiutarli a trovare la soluzione ottimale per far sì che la loro casa ne rispecchi l'essenza e quindi guidarli affinché trovino il loro *yūgen*. Semplicemente condurli alla ricerca di un'identità, di un'immagine, di uno spazio in cui possano riconoscersi.

Per poter ambire allo scopo è importante ritagliarsi del tempo per se stessi. Un momento di pausa che serve per capirsi, per imparare a conoscersi e soprattutto per riuscire a perdonare le proprie imperfezioni, proprio come vorrebbe la filosofia del *wabi sabi*. È vero: nell'immaginario collettivo ritirarci in noi stessi è sempre visto come qualcosa di imbarazzante di cui vergognarsi, come se la nostra identità interiore e il nostro legame con il mondo si esaurissero e si riassumessero nell'immagine di noi che scegliamo di offrire agli altri. Ecco perché un momento di "ritiro spirituale" ha il sapore della libertà rivendicata e di un'identità conquistata.

Se non ci sentiamo all'altezza di una determinata situazione, non significa che dobbiamo privarci della possibilità di viverla o di apprezzarla. Al contrario, dobbiamo fare uno sforzo d'interpretazione e cogliervi la bellezza nonostante tutto. È dunque indispensabile rifarci al nostro *yūgen* per sentirci pienamente parte della situazione che stiamo vivendo, così da imparare a osservare le cose da una prospettiva diversa. Se guardiamo soltanto agli errori e agli imprevisti, rischiamo di perdere di vista l'obiettivo e di conseguenza la motivazione. Non possiamo permettercelo: la vita è troppo bella per non essere vissuta.

Attenzione però: sentirci pienamente parte della situazione che stiamo vivendo non vuol dire che sia necessario avere il controllo su tutto. Secondo il *wabi sabi*, nella stragrande maggioranza dei casi molte cose si controllano da sole, mentre altre seguono il loro arco di vita in maniera naturale.

Il pensiero *wabi sabi* ci insegna a perdonare le ingenuità e gli errori che sfuggono al nostro controllo. Ma si fa anche portatore di un messaggio edificante che ci abbraccia e ci dà forza, affinché possiamo andare avanti, e in modo positivo, imparando a guardare la bellezza del mondo e ad apprezzarla proprio in quanto spontanea e imperfetta.

Mettiamoci allora nella condizione di allentare le redini della nostra vita. Smettiamo di spendere energie nel prevenire l'imprevisto. Lasciamoci andare, rinunciamo al voler programmare ogni singolo momento della nostra esistenza.

Essere parte di un tutto

La libertà di vivere la vita così come viene si applica benissimo anche a questo mio viaggio. All'occorrenza, infatti, l'approccio *wabi sabi* può essere utile per fare di un turista un vero viaggiatore.

Ognuno di noi è spinto da desideri e interessi diversi, tutti cerchiamo esperienze e sensazioni differenti. Il mio segreto, anche di fronte a una sessione di riordino, è di tenere conto delle emozioni che i singoli oggetti, grandi o piccoli che siano, ci suscitano; per tornare alla metafora del viaggio, il vero viaggiatore parte proprio alla ricerca di tali emozioni. Scoprire una meta basandoci soltanto sul nostro istinto, percorrendo i sentieri meno battuti, scoprendo gli itinerari più nascosti e inesplorati. Conoscere da vicino la cultura locale, gli usi, i costumi, le tradizioni di un popolo. Tutto ciò ci porta a scoprire una bellezza autentica che non è segnata su alcuna mappa.

Nella terra del Sol Levante mi è successo proprio questo. È stato infatti così – chiudendo la guida e lasciandomi trasportare dalla ricerca di emozioni – che sono arrivata all'incredibile complesso del Daitoku-ji, che racchiude al suo interno ventiquattro templi, tra cui i celebri Daisen-in, Koto-in, Ryogen-in e Zuiho-in, gli unici quattro aperti tutto l'anno ai viaggiatori perché curati nei minimi dettagli e conservati perfettamente nel corso dei secoli.

Nonostante questo luogo così suggestivo si trovi all'interno di Kyoto, sembra di essere in un angolo di mondo remoto e paradisiaco. Qui è possibile respirare a pieni polmoni l'antica tradizione giapponese, conoscere da vicino la cultura e l'architettura zen. Proprio al cospetto di questo incredibile complesso, osservando coloro che vi lavorano all'insegna del rispetto per la natura, ho imparato che accettare che qualcosa possa avvenire al di fuori del nostro controllo non significa rassegnarsi, abbandonarsi ai venti del destino come una barca alla deriva. Accettare che qualcosa possa avvenire al di fuori del nostro controllo vuol dire piuttosto incoraggiarci ad andare avanti nonostante ciò che ci succede intorno, proprio come fa la natura. Il passato deve essere solo una fonte di apprendimento, deve risvegliare ricordi capaci di ispirare in noi un sorriso benevolo. Accettarlo significa anche saper distinguere ciò che vale la pena lasciare indietro da ciò per cui è necessario un intervento. E soprattutto ciò che ci è impossibile modificare da ciò che invece aspetta soltanto il nostro contributo.

È un meccanismo difficile da introiettare, perché ciascuno di noi è cresciuto con la convinzione di essere un supereroe, di avere successo in tutto e di essere il padrone assoluto dello spazio e del tempo. Non a caso per riuscire ad assimilare questo metodo occorre fare un grande bagno di umiltà e ridimensionare il proprio ego. Dobbiamo imparare a incanalare positivamente l'energia, a sopportare l'incertezza e ad allenarci alla pazienza.

Soltanto lasciandoci alle spalle le ingenuità e gli errori cui facevamo riferimento prima, o ancora tutte quelle cose sulle quali non riusciamo ad avere il controllo, possiamo giungere al cuore dell'annosa questione uomo-natura. Riuscire a sentirsi profondamente parte dell'ambiente e dei suoi abitanti, come un tutt'uno con essi, rispolverare un legame che affonda le radici in tempi immemori: questo è il senso del nostro vagare e di un approccio *wabi sabi* che voglia considerarsi compiuto.

La filosofia del *wabi sabi* ci ricorda che siamo parte di un tutto perfettamente funzionante. E ci invita a godere del presente.

Non possiamo perdere la capacità di vedere, di meravigliarci delle piccole cose. Non possiamo considerare normale ciò che invece è straordinario. Non possiamo impoverire la nostra vita con cose futili.

È necessario educarci alla contemplazione della bellezza imparando a sviluppare una certa sensibilità estetica. La bellezza è una e molteplice, dinamica e mutevole, sta nelle grandi come nelle piccole cose, in quelle evidenti come in quelle nascoste. Dobbiamo esercitarci alla scoperta, allenare l'attenzione.

Per rivolgerci in modo pieno e adeguato a ciò che abbiamo intorno, inoltre, dobbiamo allenarci alla sensibilità. Spesso la sensibilità è accostata alla debolezza, alla fragilità, ma in pochi sanno che questo termine significa letteralmente "capacità di ricevere impressioni esterne attraverso i cinque sensi". Come nel caso della commozione che proviamo attraverso la vista quando guardiamo un film o del dolore che ci esplode dentro attraverso l'olfatto quando avvertiamo il profumo di una persona cara recentemente scomparsa.

Educandoci alla sensibilità, dobbiamo sicuramente fare attenzione a evitare l'"effetto alone", che consiste nell'interpretare tutto alla luce di una nostra particolare disposizione d'animo. Come quando ci svegliamo allegri e allora tutto ci sembra bellissimo, o viceversa quando ci alziamo tristi e quindi tutto sembra ingrigirsi. Dobbiamo imparare a interpretare i messaggi della natura per goderne in maniera oggettiva, aprendo un canale di comunicazione rapida che non faccia tappa nel nostro stato d'animo.

L'altra metà del *wabi sabi*

A questo punto siamo a metà percorso: l'approccio *wabi sabi* è dentro di noi al 50 per cento. Ora, dopo aver imparato ad accettare l'imperfezione nell'ottica di raggiungere l'equilibrio interiore e il benessere psicofisico, dobbiamo farne tesoro.

Com'è possibile? Imparando ad apprezzarne il valore e attuando la strategia del perdono.

Prima di cominciare la mia attività di professional organiser avevo già maturato una certa esperienza nel campo della moda, da cui è scaturito uno degli insegnamenti che la bellezza mi ha lasciato. Negli anni ho visto modelle stupende avvicendarsi sulle passerelle e negli studi fotografici, e ognuna di loro era indiscutibilmente e obiettivamente bella. Eppure nel mondo della moda l'estetica è spinta al massimo e la bellezza viene interpretata in maniera convenzionale, cioè piegata a canoni estetici tradizionali. Il bello, dunque, è oggettivo e universale. Nella vita vera invece tutto cambia, la ricerca della bellezza sta in quelle che ancora, influenzati dal retaggio della società, ci ostiniamo a chiamare "imperfezioni". La bellezza si rintraccia nella sua espressione più insolita: attraverso modi inediti, nuovi, anticonformisti o addirittura pioneristici. Fortunatamente anche il mondo della moda negli ultimi tempi sta iniziando ad aprirsi a questo nuovo modo di intendere la bellezza. E allora ecco che il diastema (uno spazio tra i due denti incisivi) oppure delle sopracciglia folte diventano un tratto distintivo. In parole povere: se prima questi particolari erano considerati difetti per cui una modella poteva vedersi preclusa la carriera, ora invece vengono esaltati fino a diventare una cifra stilistica.

Ma torniamo alla vita vera. Deceleriamo. Dicevamo che dopo aver imparato ad accettare l'imperfezione è necessario apprezzarla e saperla valorizzare. Allora scaliamo una marcia, annulliamo il più possibile le preoccupazioni per il futuro, che spostano il nostro focus in un momento che ancora non si è dato. Guardiamo alla calma, alla pace e alla tranquillità anche laddove la vita perde equilibrio.

Dobbiamo smettere di opporci al cambiamento, fuori e dentro di noi. È solo una perdita di tempo: le cose *fuori* cambieranno comunque, le cose *dentro* cambieranno comunque. Che noi lo vogliamo o meno. Questo è il presupposto da cui partire quando decidiamo di mettere ordine nello spazio in cui viviamo (e quindi nella nostra vita).

Quando giunge il momento, è facile capirlo. Lo si avverte. Saperlo e sapersi adattare è una risorsa. Proprio come sistemiamo le nostre credenze, riordiniamo i nostri armadi, ripuliamo le nostre mensole, decidiamo di cosa liberarci e cosa tenere, allo stesso modo dovremmo accettare e variare i nostri bisogni ogniqualvolta ci sembri opportuno. Modificando la natura delle nostre sfide.

Wabi sabi infatti non è solo quiete, bensì equilibrio tra sfide e quiete. Una serena alternanza tra ambizione e appagamento, perché l'eccesso nell'uno o nell'altro senso ci fa perdere la serenità. Un punto d'incontro tra ansia e passività, laddove ansia è da intendere come lo stato di eccitazione che le sfide attivano e che coincide con la mobilitazione delle risorse necessarie a ottenere ciò che vogliamo.

Un punto di incontro nel quale però ci vengono richieste umiltà e modestia. La prima ci permette di crescere, di impegnarci a prescindere da ciò che siamo, oltre che di non cadere vittime della manipolazione delle persone negative; la seconda invece ci consente di governare le aspirazioni e di tenerle lontane dalla sfera dell'impossibile. Lasciamo da parte il nostro senso di insicurezza e l'incapacità di accettare l'imperfezione e l'anormalità, facciamoci promotori del cambiamento fuori e dentro di noi, nella nostra casa così come nel nostro animo.

Yoroshiku onegaishimasu, piacere di conoscermi

Uno dei nostri grandi e reali problemi quotidiani riguarda la gestione delle situazioni negative. Nella maggior parte dei casi non sappiamo affrontare i piccoli ostacoli della vita, li lasciamo in sospeso, li posticipiamo. Così questi crescono e in un dato momento diventano impossibili da risolvere. Proprio come accade in casa, quando il caos si accumula finendo nel peggiore dei casi per sovrastarci. Il punto è proprio qui: i veri ostacoli non sono quelli dei massimi sistemi, bensì la somma dei minuscoli intoppi che abbiamo creduto di non saper risolvere. Piccole frustrazioni, minime delusioni non sanate. Capita indistintamente: nello spazio circoscritto di un armadio o di una cucina come in quello più sregolato delle nostre vite.

Il segreto è imparare ad affrontare i contrattempi volta per volta. Non lasciamoli allo sbando, a nutrirsi dei tempi di attesa. Se andiamo loro incontro con decisione, presto non saranno altro che un fastidio.

E impariamo anche a gestire la frustrazione quando abbiamo paura di non portare a termine il nostro proposito. Il timore di non riuscire è un sentimento necessario e va letto nel modo giusto, perché è uno stimolo a impegnarci ancora e oltre, ad affinare i sensi e a focalizzarci su ciò che dobbiamo fare. Il fallimento non si può evitare, ma più che di fallimento parlerei di obiettivi non raggiunti: da un obiettivo non raggiunto si può ripartire per provare ancora e ancora, su strade diverse.

Teniamoci lontani dal pessimismo e alleniamo la tenacia. Sentiamoci sufficientemente competenti – se non riusciamo, lavoriamo per migliorarci –, assegniamo un significato positivo a ciò che accade e perseveriamo in maniera intelligente: con pazienza, senza rassegnarci, e con tolleranza, consapevoli che ogni risultato esige un processo ed è in qualche misura imperfetto.

Luce. Silenzio. Calma interiore.

Siamo finalmente entrati in contatto con il nostro io autentico. Ce lo abbiamo davanti. Lo guardiamo come faremmo con una persona che non conosciamo ma per cui proviamo un istintivo trasporto. Siamo l'amico che sceglieremmo a pelle.

Il rapporto che instauriamo con noi stessi determina aspetti fondamentali della nostra vita: l'autostima, ciò che riteniamo di essere, il modo in cui ci vediamo. Se non facciamo attenzione, rischiamo di costruire questo rapporto su una base traballante. Una base mal stratificata di giudizi esterni, non necessariamente provenienti da persone a noi vicine. Dobbiamo saper riconoscere tali individui come persone che a tutti gli effetti ignorano il nostro mondo interiore e che quindi possono pronunciarsi soltanto in maniera parziale. Se non ce ne rendiamo conto, tratteremo i giudizi degli altri nei nostri confronti come dei referti medici e i problemi aumenteranno.

Dobbiamo accorgerci che così facendo esigiamo da noi stessi cose che non esigeremmo da nessun altro. Ci portiamo appresso illusioni, paure e catene, ci consideriamo pessimi.

Ma così non funziona.

Perdoniamoci le anomalie e gli incidenti di percorso. Come l'acquisto di un capo troppo stravagante o di un paio di scarpe che non abbiamo mai indossato. Non puntiamo a omologarci, ma anzi cerchiamo di capirci nel profondo delle nostre imperfezioni e di rispettarci. Diamo lustro all'anomalia, trattiamola come normale.

Ogni volta che siamo finiti a pezzi ci siamo poi ricomposti in un innato impulso di autoriparazione, e la risultante – ciò che siamo oggi, nel momento presente – è ancora più forte. L'individualità è la chiave della bellezza interiore ed esteriore: belle sono le cose autentiche, è il genuino che ci attrae, è la differenza che brilla di luce propria.

Accogliamola. E accogliamo anche l'ultima massima dell'approccio *wabi sabi*. Incarniamo questa specifica formula.

Guardiamoci allo specchio e tendiamoci la mano.

Yoroshiku onegaishimasu.

Piacere di conoscermi.

2

改善
Kaizen

Come si abbraccia il cambiamento, imitando e migliorando

改善
Kaizen
Come si abbraccia il cambiamento, imitando e migliorando

Shinshindo Bakery
35°00′21.7″N 135°45′39.7″E

Se mi domandate dove abbia mangiato il miglior pane della mia vita, la mia risposta immediata sarà: «A Kyoto!», e il vostro stupore sarà il medesimo che ho provato io entrando in una *boulangerie* giapponese. Eppure è proprio così.

L'antesignana di tutte le panetterie di Kyoto, Shinshindo, venne fondata nel 1913 dal signor Hitoshi Tsuzuki, che era andato a Parigi per studiare l'arte della panificazione, percorso che tanti giovani giapponesi hanno ripreso a fare a cavallo dei due secoli. E infatti oggi l'antica capitale è una mecca per ogni amante dei lievitati, che avrà solo l'imbarazzo della scelta tra le tante *bakery* di matrice francese, scandinava o italiana.

Insomma, nella terra nipponica fare il pane è diventata una vera e propria arte che va affinandosi sempre di più, prediligendo materie prime di altissima qualità e importando le tecniche imparate in Europa. Non vi stupirà trovare nelle *bakery* di Kyoto soffici pani in cassetta, tradizionali *baguette* francesi, pagnotte dalla crosta croccante e fragrante, graziosi panini al burro o al latte, oppure ancora i tipici *brezel* dalla forma perfetta, il colore invitante tra il bruno e il dorato, la superficie lucida e il sapore inconfondibile.

È il mio amico Toshio a riferirmi tutti questi cenni storici che pochi altri conoscono: come vi ho già detto, è un vero esperto di cultura, storia e tradizioni nipponiche. Chiedetegli qualcosa sul Giappone, qualunque cosa, e lui vi risponderà; il più delle volte lasciandovi increduli e stupefatti.

Ed è sempre lui a raccontarmi che le panetterie di Kyoto hanno saputo fare proprio il concetto di *kaizen*, che secondo la filosofia giapponese prevede l'apprendimento attraverso la pratica e la selezione dei modelli da imitare. In poche parole: studiare, imitare, migliorare.

La strategia del miglioramento continuo

La filosofia del *kaizen* può essere utile a tutti coloro che sentono il bisogno di cambiare la propria vita e credono che l'unico mutamento possibile consista in una svolta radicale e immediata, che spesso ci scoraggia in partenza e ci fa sentire impotenti. Quante volte, armati di carta e penna, proviamo a tracciare tabelle di marcia che poi non rispettiamo?

La necessità di cambiare noi stessi è estremamente diffusa nel mondo in cui viviamo, eppure in pochi ci riescono. Basti pensare a quanti vogliono smettere di fumare o desiderano fare più sport e avere un'alimentazione più sana, oppure riordinare una volta per tutte lo spazio in cui vivono. Questi, insieme al desiderio di ricchezza e autoaffermazione, sono i bisogni più sentiti nella nostra società. E allora perché è così difficile soddisfarli? Perché il cambiamento fa paura, ci appare insormontabile. La nuova versione di noi stessi ci sembra impossibile da realizzare, qualcosa di troppo lontano da noi. Il mondo in cui viviamo ci ha indotto la necessità delle cose immediate: i risultati si devono vedere subito, devono arrivare a casa in fretta come i pacchi che ordiniamo online o il cibo già pronto dei fast food.

Lo stesso capita talvolta quando sono alle prese con una sessione di riordino per un cliente, magari un po' frettoloso, a cui non mi stanco mai di ripetere che è necessario prendersi il tempo per trovare la soluzione più giusta, quella che più si adatta alle sue esigenze. Lo scopo del mio servizio di professional organiser, infatti, è la praticità, per rendere più semplice la vita altrui.

In Giappone sempre più persone stanno scoprendo un nuovo modo per migliorare la propria esistenza e adottare uno stile di vita differente all'insegna del *kaizen*, seguendo il proprio ritmo naturale, e hanno compreso che solo accogliendo il cambiamento come graduale e necessario è possibile crescere e diventare anche più produttivi.

Toshio mi illustra come questo metodo affondi le radici nella cultura shintoista, per la quale l'energia arriva dal basso e fluisce dalle radici verso l'alto. La spinta a migliorarci deve nascere dentro di noi; è dalle piccole cose che si arriva a grandi obiettivi.

Il *kaizen* indica infatti una strategia di miglioramento costante e continuo, da portare avanti giorno dopo giorno nella propria quotidianità. Questo principio si basa sulla capacità di incanalare le energie per aumentare la produttività delle proprie giornate. Il *kaizen* presuppone di accogliere e accettare ciò che si è già fatto come punto di partenza per procedere ed è legato al modello imprenditoriale giapponese, che punta alla qualità ponendosi obiettivi a breve e lungo termine.

Il principio in realtà sembra avere radici occidentali: pare sia stato introdotto dagli Stati Uniti in Giappone dopo la Seconda guerra mondiale, per rilanciare le imprese nipponiche. La filosofia aziendale del miglioramento continuo si sposò immediatamente con lo stile di vita orientale e fu chiamata *kaizen*. Il *kaizen*, dice Toshio, è alla base della crescita delle grandi aziende di questo paese, tra cui la Toyota (tanto che il metodo venne ribattezzato anche "metodo Toyota").

Proprio perché secondo la credenza shintoista "l'energia viene dal basso", questo approccio prevede una continua gratificazione dei lavoratori e un loro coinvolgimento nelle attività produttive. Non a caso viene chiesto loro di proporre in modo costante suggerimenti per migliorare l'azienda e rendere l'ambiente più vivibile. Ciò non solo contribuisce ad aumentare la motivazione e la partecipazione dei dipendenti, ma stabilisce anche un dialogo diretto tra i vertici e i singoli lavoratori, portando a un aumento effettivo della qualità.

Ma questa filosofia non si limita al campo imprenditoriale, anzi: la cultura giapponese l'ha assimilata perfettamente e prevede ora la sua applicazione in ogni aspetto della vita.

Una nuova routine

Il termine *kaizen* significa letteralmente "miglioramento" e risulta molto più semplice da assimilare anche per noi occidentali. Chi non ha mai sentito il bisogno di un cambiamento? Migliorarsi è un obiettivo comune a molti. Soprattutto a chi tenta di riordinare il proprio spazio – e quindi la propria vita – e ha bisogno di una sorta di "spirito guida" che lo aiuti a realizzare il processo necessario per riuscirci.

La filosofia del *kaizen* è alla portata di tutti e può essere facilmente applicata per costruire la propria evoluzione personale.

Uno dei benefici più conosciuti di questo metodo è la riduzione immediata dello stress. L'idea di affrontare la vita un passo alla volta, accettando le sconfitte come punto di partenza per la costruzione di sé, sembra essere particolarmente confortante per chi si sente sopraffatto dall'inesorabilità delle situazioni che la vita propone. Sicuramente il *kaizen* può essere un buon approccio non solo per chi è stressato, ma anche per chi vuole prevenire i pensieri negativi che lo stress può fare insorgere e che rallentano o soffocano del tutto l'impulso di crescita. Spesso lo stress nasce da un errore comune: quello di porsi obiettivi troppo lontani per le proprie capacità. Per molti l'unico modo per migliorarsi è forzare il cambiamento, imporlo a se stessi come una sfida.

L'idea chiave del *kaizen* consiste invece nell'accogliere nella propria vita mutamenti così leggeri da non essere assolutamente percepibili. Ogni minimo cambiamento non deve costituire uno sforzo, ogni passo in direzione di una nuova versione di noi stessi, migliore e più luminosa, ci deve risultare naturale e necessario. Il *kaizen* deve portare alla considerazione della vita come un continuo percorso a tappe: la ricerca di sé non si esaurisce mai. Non è una meta, dunque, bensì un viaggio infinito. Il miglioramento deve essere costante, lo sforzo eterno, e più in là ci si prefissa di arrivare, più si può ottenere. Questo non significa dover costringere se stessi a raggiungere traguardi impossibili, perché nessun obiettivo è mai troppo lontano se si capisce quanto tempo ci serve a conseguirlo. Ogni cambiamento deve essere in armonia con la nostra stessa natura e incastrarsi perfettamente all'interno della nostra routine, come il pezzo mancante di un puzzle. La domanda che bisogna porsi è la seguente: quanto posso cambiare oggi nelle mie abitudini, senza stravolgerle?

Rispondere a questo semplice interrogativo con la più totale sincerità è fondamentale, perché potrà aiutarci a comprendere non solo le nostre potenzialità ma anche i nostri limiti, e ci sarà subito chiaro quale sia il cambiamento massimo possibile in ogni nostra giornata. Uno degli effetti collaterali del *kaizen* è infatti una maggiore autoconsapevolezza che si ripercuoterà in ogni aspetto della vita.

Scegliere di migliorare se stessi è come scalare una montagna: si può decidere se farlo di corsa o se affrontare il percorso con maggiore calma. Certo, correndo si può arrivare al traguardo in modo più veloce, ma senza energie. Procedere lentamente significa invece avanzare mettendo un piede davanti all'altro con tranquillità, stando attenti a quanto sforzo i nostri muscoli sono in grado di compiere, prestando ascolto all'accelerazione dei battiti cardiaci e tenendo costantemente monitorato il respiro. Un passo alla volta si può arrivare in cima senza nemmeno essersi accorti di quanto ripida fosse la salita. E nel viaggio verso la vetta ci sarà stato modo di ammirare paesaggi mozzafiato e fare tesoro della propria esperienza, connettersi con la natura, respirare aria buona di montagna. Questo secondo approccio è il *kaizen*.

Il tempo che richiede questa operazione investe quasi tutta la nostra esistenza, da quando ne prendiamo coscienza fino alla fine dei nostri giorni, perché la necessità di migliorarsi non dovrebbe venire mai meno. Ciò che stupirà, se verrà applicato questo principio con costanza, sarà notare quanta strada si è riusciti a percorrere semplicemente modificando passo dopo passo le proprie abitudini, esattamente come colui che è arrivato in cima alla montagna con calma e guardandosi indietro realizza, incredulo, i chilometri percorsi. Certo, cambiare le proprie abitudini – e magari la disposizione degli oggetti all'interno della propria casa – può sembrare spaventoso, ma in fondo noi esseri umani siamo programmati per adattarci continuamente a nuove condizioni di vita. Inoltre ciò che ci viene richiesto dal *kaizen* non è uno stravolgimento drastico, ma un piccolo e costante cambiamento quotidiano, che lavora come una goccia che, insistendo sempre sullo stesso punto, nel corso dei millenni può levigare e rompere una pietra; d'altronde la natura stessa ci mostra da sempre come un movimento apparentemente banale possa portare, decine di migliaia di anni dopo, a qualcosa di straordinario. Servono millenni per formare le stalattiti, ma nessuno guardandole direbbe mai che sono nate da una piccola goccia d'acqua che da sola appariva insignificante. Quella piccola goccia è la nuova abitudine che accogliamo oggi e quella nuova che ci inventeremo domani.

È essenziale capire come integrare questa filosofia nella routine quotidiana. La prima cosa da modificare è la disposizione mentale: è fondamentale aprirsi al cambiamento. Ma soprattutto bisogna dimenticare la velocità e l'immediatezza a cui siamo abituati e non scoraggiarsi se i risultati sembrano non arrivare subito: il *kaizen* non presuppone un mutamento radicale. Ogni miglioramento fiorirà in noi con il tempo, se avremo costanza e pazienza. Forse sembreranno poca cosa, ma i piccoli risultati che otterremo saranno duraturi, perché li avremo assimilati con il minimo sforzo.

Per introdurre il *kaizen* nella propria vita è infatti necessario porsi obiettivi che risultino in piena armonia con noi, con il nostro corpo e la nostra anima. Solo così il percorso sarà costellato da risultati piacevoli e soddisfacenti e porterà a un concreto miglioramento. Per questo è importante non porsi mai a confronto con gli altri, e non solo perché l'invidia è fonte di stress, che a sua volta, come abbiamo già visto, è nemico del *kaizen*. Il confronto non può esistere perché ogni persona ha un ritmo diverso, dettato dalla sua stessa spiritualità ed energia: ciò che per noi può costituire un enorme risultato può essere per qualcun altro solo un punto di partenza, e viceversa. Focalizzarsi su se stessi, concentrarsi sulle proprie capacità e i propri limiti, senza farsi condizionare dagli altri, dovrebbe essere l'obiettivo primario.

Quanto detto finora può sembrare scontato, ma è imprescindibile per mantenere alta la motivazione anche quando si è sul punto di arrendersi. La motivazione che ci spinge ad adottare il metodo del *kaizen* deve essere chiara nella nostra testa, dobbiamo ripeterla a noi stessi come un mantra e non perderla mai di vista.

Stabilire un percorso punto per punto del metodo *kaizen* è impossibile, perché ogni cammino è diverso e personale, ma si possono tracciare delle linee generali che aiutino a interrogarsi sulla propria esistenza e a capire come procedere. Prima di tutto dobbiamo comprendere quali aspetti della nostra vita ci soddisfano e quali invece necessitano di un cambiamento. Passare in rassegna ogni capitolo della nostra storia può essere spaventoso, per questo ci si può concentrare anche su un unico aspetto, per esempio quello che riteniamo più importante. Ovviamente ci si deve focalizzare su ciò che possiamo davvero cambiare: certe situazioni non dipendono da noi e dobbiamo imparare a lasciarle andare, mentre altre sono nelle nostre mani e possiamo decidere che cosa farne, mettendo nero su bianco i nostri obiettivi.

Questo procedimento ci aiuterà a porci degli interrogativi. Siamo felici oppure no? C'è qualcosa che avremmo sempre voluto fare, ma non ne abbiamo mai trovato il coraggio? Che obiettivi siamo riusciti a raggiungere finora? E così via. Oltre a individuare su quali aspetti lavorare, è importante che sia estremamente chiaro il perché vogliamo migliorarci proprio in quel campo. Cosa ci spinge ad agire? Perché lo facciamo? Il motivo alla base del percorso *kaizen* deve essere il più definito e specifico possibile, perché solo così potremo riuscire a mantenere costantemente l'impegno e a portarlo avanti per tutto il tempo necessario.

Ponendoci tutte queste domande, dovrebbero apparirci subito chiari i nostri obiettivi a lungo termine, quelli che ci sembrano così lontani da essere impossibili. Oppure ci potrebbe volere del tempo per capire in quale direzione muoversi, ma vi assicuro che basterà prendervi qualche giorno per pensare e lo capirete.

Il miglioramento non deve essere per forza qualcosa di grande, di estremo, può anche essere semplicemente perdere peso o mangiare più sano, o altro che pensiamo possa farci stare bene: imparare a suonare uno strumento, innamorarsi, studiare una nuova lingua, risparmiare denaro. Spesso infatti gli aspetti della nostra vita che ci sembrano più insignificanti sono invece quelli che hanno un impatto più grave sulle cose davvero importanti. Bisogna capire a cosa dare la priorità, in modo che una volta liberati di quel singolo, piccolo problema, si possano aprire di fronte a noi nuove strade. Ecco perché è importante non solo stabilire una gerarchia e decidere su cosa concentrarsi in modo preciso, ma anche continuare a esporci a nuovi stimoli e sfide, attività che possiamo potenzialmente trovare interessanti o che potrebbero portare dei benefici nella nostra vita ed essere terreno fertile per nuovi obiettivi.

Una volta compiuta questa riflessione, visualizzate il vostro viaggio verso la meta e provate a immaginare di percorrerlo a ritroso. Se per esempio avete come obiettivo il grande riordino della vostra casa, prefiguratevi di partire da un unico angolo di una stanza. Anche se si tratta solo di una piccola parte, dopo un'ora o due vi sentirete molto sollevati nel vedere i risultati del vostro lavoro. Angolo dopo angolo sistemare tutta la stanza sarà un gioco da ragazzi e vi darà la motivazione giusta per affrontare non solo tutta la casa, ma anche spazi notoriamente disordinati come garage, soffitte, cantine o sgabuzzini. L'obiettivo è, paradossalmente, ridurre i propri obiettivi il più possibile, per farli diventare tanti piccoli traguardi che non spaventano. Lavorare camera per camera significa soffermarsi solo su un angolo alla volta per poi accorgersi di aver riordinato l'intera casa, mentre pensare direttamente a tutto lo spazio che ci circonda è un traguardo che potrebbe facilmente portarci al fallimento, perché lo sforzo sarebbe notevole e il nostro umore ne risentirebbe. Non solo, anche la nostra vita potrebbe subirne le conseguenze, se tornasse su di noi la spiacevole sensazione di non avercela fatta e di non essere in grado di cambiare veramente e quindi di diventare migliori.

Riordinare una stanza alla volta può sembrare un obiettivo ridicolo, ma è proprio su questi micro-obiettivi che si basa il *kaizen*, e grazie a questi funziona. Infatti, se il nostro scopo non è apparentemente nulla di che, sarà molto semplice raggiungerlo e portare a casa una minuscola vittoria. E mese dopo mese aumenterà in noi la motivazione: sono piccoli passi, sì, ma siamo stati in grado di percorrerli tutti senza battere ciglio, proprio perché avevamo poca strada da compiere.

Oltre alla motivazione, ciò che può davvero crescere e rivoluzionare la vita è la fiducia in noi stessi, motore di ogni nostra azione. Anche in questo caso possono capitare dei momenti di sconforto: è del tutto normale. La natura stessa del *kaizen*, così inusuale per noi, presuppone una lentezza che spesso può portarci a sentirci demotivati e non all'altezza. Per questo può essere utile segnare costantemente i propri risultati, scattando una foto degli spazi di cui andiamo più fieri o della camera che ci sembra riordinata nel modo migliore. Visualizzare il proprio percorso è importante e può aiutarci ad avere sempre sotto il naso la prova tangibile del cambiamento, da osservare soprattutto quando ci sembra di non aver concluso nulla, per renderci conto che non è così.

Il percorso verso l'autoconsapevolezza

Celebrare i propri successi è importantissimo, per questo si dovrebbe sempre pensare a una ricompensa, un auto-regalo, per ogni piccolo obiettivo raggiunto. Ricompensarsi è un metodo efficace per stimolare la propria produttività e di conseguenza accelerare il processo di cambiamento. La ricompensa dovrà essere proporzionale all'obiettivo raggiunto e non deve essere per forza qualcosa di costoso o impegnativo: ci si può per esempio regalare un pomeriggio di tregua in solitudine, o una sera con gli amici che si programmava da tempo, oppure un libro che si è a lungo rimandato di leggere perché non si è mai trovato il momento giusto. La gratificazione aiuta ad aumentare la produttività e il self-love.

Il *kaizen* consiste anche nella capacità di prevedere ostacoli ed eventuali periodi di rallentamento. Il percorso deve essere affrontato, come già detto, in modo graduale ma soprattutto razionale. Tenere conto di quanto potrebbe frenarci o bloccarci nella realizzazione di noi stessi non significa affatto arrendersi, bensì attenersi al metodo *kaizen*, che ci chiede di porci soltanto obiettivi realizzabili e in linea con quanto siamo effettivamente in grado di fare o sentiamo di poter realizzare. Tornando al nostro esempio casalingo, quella di riordinare direttamente tutta la casa è una decisione troppo impegnativa, che si pone di fronte a noi come una montagna insormontabile. L'idea ci spaventa perché l'obiettivo sembra lontano e impossibile da raggiungere. I clienti spesso mi contattano, quasi nel panico, a causa dell'ansia di affrontare il riordino dell'intera casa, non sapendo da dove iniziare. Il segreto – sembrerà banale, ma è proprio così! – è solo trovare la motivazione di cominciare da qualche parte. In questo modo, senza nemmeno accorgercene, arriveremo man mano a mettere in ordine tutto.

Non lasciamo che l'ansia di non riuscire a riconoscerci più nel nostro spazio ci abbatta: spesso in un ambiente che non sentiamo più come nostro ci capita di sentirci persi e spaesati, di perdere la bussola. Il fatto che le persone intorno a noi non risentano dello stesso problema non significa che siamo noi a essere sbagliati o deboli, abbiamo solo bisogno di tempo per trovare noi stessi all'interno dello spazio in cui viviamo. Le deviazioni, le pause, gli ostacoli e gli errori di percorso sono tutte cose che fanno parte della natura umana e non possiamo pensare che il *kaizen* magicamente le farà sparire per sempre dalla nostra vita. Il *kaizen* non è un metodo miracoloso che porta alla felicità istantanea: è un viaggio che prevede alti e bassi, ma che non smette mai di portarci avanti, passo dopo passo.

Se paragonarsi agli altri e ai loro obiettivi può risultare deleterio, coinvolgere le persone che amiamo e che ci stanno vicine può invece essere un grande aiuto. Chi ci ama è in grado di spronarci continuamente a fare di meglio e a realizzare la versione migliore di noi stessi, è sempre pronto a sostenere le nostre battaglie e a fare il tifo per i nostri successi. Condividere il proprio percorso non solo può aiutare a raggiungere risultati migliori, ma può anche spingere altri ad avvicinarsi al *kaizen*, una filosofia apparentemente troppo lunga e impegnativa.

Il cambiamento può fare paura, certo, e questo è del tutto normale. La paura viene dipinta spesso come un sentimento negativo, ma in realtà ci mette in allerta sui pericoli in cui potremmo incorrere e ci dona la capacità di essere cauti e attenti. Una giusta dose di timore può aiutarci a mantenere l'equilibrio e a non sfociare negli eccessi. Ma la paura può anche frenare l'istinto e impedire alla nostra natura di fiorire al meglio. In questo caso dobbiamo essere in grado di sconfiggerla, ridimensionarla e riporla in un cassetto dal quale poterla recuperare quando ne avremo bisogno, nella giusta misura.

La paura del cambiamento, nello specifico, ci può aiutare a non compiere scelte folli, come optare per liberarci dei nostri effetti personali e gettare tutto nel sacchetto della spazzatura. L'idea quindi è di fare una cernita: dobbiamo imparare a liberarci degli oggetti che non servono più, perché altrimenti rischiano di accumularsi, mentre è fondamentale trovare un posto dedicato per le cose che vogliamo tenere.

Abbiate paura di cambiare, ma solo il necessario. Per il resto, invece, sperimentate, provate, create, lasciate che il vostro spirito vi ricordi quale persona migliore volete essere e cercate di costruirvi da soli, partendo da zero. Il *kaizen* non solo può aiutarci a diventare migliori, ma può anche portarci a scoprire qualcosa di noi stessi che non sapevamo, o che mai avremmo creduto possibile. Oppure sì, lo immaginavamo, ma non pensavamo di essere in grado di riuscirci. E invece alla fine, passo dopo passo, goccia dopo goccia, ce l'abbiamo fatta.

3

花吹雪
Hanafubuki

ATTRAVERSO LA TEMPESTA (DI FIORI DI CILIEGIO)

花吹雪
Hanafubuki

Attraverso la tempesta (di fiori di ciliegio)

Kiyomizu-Dera
34°59′41.4″N 135°47′06.01″E

L'essere umano è per definizione una creatura mossa da impulsi, passioni e ideali, fonte di ispirazione e forza. Osserva il mondo in cui vive, interagisce con i propri simili, si emoziona per ciò che vede, ammira la natura che prospera, si affeziona, sviluppa attrazioni e ama sinceramente.

Nella vita sono molte le situazioni che possono generare emotività negli individui. Con l'arrivo della primavera, per esempio, tra le giornate che si allungano e il sole che fa capolino tra i rami in fiore, è più facile trovare il giusto entusiasmo per dedicarsi alle attività che magari durante l'inverno si sono tralasciate. Questo è anche il momento ideale per rinnovare lo spazio che ci circonda. Spesso infatti l'entusiasmo per un nuovo inizio ci spinge a dedicarci al riordino di casa. Pensate alle famosissime "pulizie di primavera", non è un caso che si chiamino così: l'arrivo della bella stagione ci motiva a fare ordine, a dare al nostro ambiente una rinfrescata, come si suol dire.

Ma l'entusiasmo per la bella stagione ci porta anche fuori, all'aperto, e in Giappone pochi avvenimenti hanno la capacità di lasciare nell'animo umano una traccia così profonda come la tradizionale – e primaverile – usanza dell'*hanami*, la festa in cui si assiste all'incanto intenso e fugace della fioritura dei *sakura*, i boccioli di ciliegio. Si tratta di un evento atteso e venerato in tutto il mondo, tanto che questi alberi sono diventati ormai mete di pellegrinaggio. Ne parlano addirittura i telegiornali, che seguono da vicino le diverse fasi dell'*hanami*, mentre è tradizione per il popolo nipponico ritrovarsi all'ombra dei ciliegi in compagnia di parenti e amici.

Ogni volta che torno nel paese del Sol Levante cerco di non perdermi questo spettacolo, e per fortuna anche questa volta ci sono riuscita. Kiyomizu-Dera, uno dei templi più celebri del Giappone, dichiarato patrimonio dell'Unesco nel 1994, fa da incantevole cornice a questa visione. Perché l'*hanami* non è solo una festa, ma anche un'occasione unica per ammirare e godere della bellezza dei boccioli in fiore; insomma, quasi un rito a cui ogni anno partecipano indistintamente giapponesi e non.

Nella cultura nipponica la primavera è una stagione propizia, particolarmente sentita dalla cittadinanza, che l'attende ogni anno con trepidazione.

L'albero di ciliegio è venerato come simbolo di rinascita da diversi secoli, dando vita a un rituale tradizionale che si perde nella notte dei tempi. Fu infatti nel 710 circa che l'*hanami* diventò uno dei simboli della cultura giapponese, per poi diffondersi con il tempo e continuare la propria ascesa fino a raggiungere la popolarità attuale. Nelle religioni popolari giapponesi la cerimonia rappresentava originariamente le divinità della montagna, che nel corso degli anni si tramutarono in divinità delle risaie, a indicare la riproduzione agricola. Fu durante questo periodo che i giapponesi presero l'abitudine, ogni primavera, di recarsi sulle catene montuose per adorare gli alberi; ipnotizzati da tanta armonia, decisero di trapiantarli nelle zone residenziali, creando le magnifiche estensioni di ciliegi che vediamo ancora oggi.

Da allora i ciliegi hanno sempre segnato l'inizio della primavera, un momento di rinnovamento e ottimismo. La stagione della fioritura è diventata talmente importante da essere scelta come punto di riferimento per l'inizio dell'anno lunisolare giapponese. Si ritiene che i fiori di ciliegio portino anche speranza e nuovi sogni in un tempo segnato da nuovi inizi.

La primavera è un periodo cui vengono accostati ricchi significati allegorici e non a caso uno dei simboli nazionali che rappresentano il paese del Sol Levante è il *sakura*, il delicato fiore di ciliegio. Si dice che quando i fiori di ciliegio germogliano, il futuro è ricco di straordinarie possibilità da cogliere.

Sono numerose le attività e le feste programmate e organizzate durante il maestoso fenomeno della fioritura degli alberi di ciliegio che riempiono i parchi nipponici. Si tratta di un avvenimento con una risonanza considerevole, poiché non rappresenta soltanto la transizione verso le temperature miti, il nuovo inizio che segue il lungo e freddo inverno, ma ricorda anche la naturale precarietà della vita. Esiste una fine perché possa esserci un rinnovamento, una nuova e spontanea opportunità di ripresa.

Nella sua complessità e pienezza, l'esistenza mortale è intensa, esattamente come le sensazioni trasmesse dall'*hanami*: risulta veloce e breve, proprio come il ristretto periodo durante il quale è possibile osservare le piante in completa fioritura.

La civiltà giapponese visualizza il *sakura* come l'incarnazione della bellezza, strettamente intrecciata alla mortalità. Un ragionamento che risale a secoli fa e che si affianca a numerose altre riflessioni più recenti. Toshio mi ha raccontato che i personaggi storici che hanno interpretato questa metafora nella maniera più profonda sono stati i samurai, i guerrieri del Giappone feudale, aderendo a un rigoroso codice morale di rispetto, onore e disciplina. Oltre a esemplificare e preservare queste virtù nella vita, avevano il dovere di apprezzare e accettare, senza timore, l'inevitabilità della morte in battaglia, evento che arrivava spesso troppo presto. Per tale ragione la figura del samurai è stata affiancata a quella di un fiore o un petalo di ciliegio caduto, simbolo della fine della breve vita di questi abili combattenti.

Durante il secondo conflitto mondiale i fiori di ciliegio hanno assunto anche un altro significato simile: i piloti giapponesi decoravano i loro aerei da guerra kamikaze prima di intraprendere missioni suicide, per cadere come petali di ciliegio, dopo aver espresso la loro massima potenzialità sacrificandosi per l'imperatore.

Al giorno d'oggi i *sakura* non sono più associati a scopi militari o autodistruttivi e vengono piuttosto apprezzati per ragioni filosofiche ed estetiche.

Il fascino etereo dei *sakura*

Nel cuore di Kyoto si snoda la via Tetsugaku-no-michi, uno dei percorsi più suggestivi per godere appieno del maestoso risveglio del creato. Questa magnifica strada pedonale costeggia un lungo canale che corre vicino a diversi templi. Oltre a essere ideale per godere di una passeggiata nel verde e visitare alcuni santuari, si contraddistingue per una particolarità non indifferente che ne fa una gemma tra le gemme paesaggistiche del Giappone: è interamente circondata da alberi di ciliegio, dettaglio che rende la vista incantevole nel corso di tutto l'anno. L'intera atmosfera assume sfumature fatate che risultano quasi surreali. Il suo nome vuol dire "sentiero del filosofo", significato dovuto al fatto che un importante filosofo e docente dell'università di Kyoto era solito passeggiarvi praticando la meditazione, ispirato dall'ambiente circostante.

Nei mesi di marzo e aprile, quando le temperature cominciano ad alzarsi, i ciliegi avviano il loro processo di fioritura, sbocciando lentamente; in appena due settimane raggiungono la fase culminante e i rami si ricoprono interamente di nuova vita, creando un'esplosione di soffici boccioli che inebriano la vista con il loro inconfondibile colore e l'olfatto con il loro delizioso profumo.

Il percorso cambia quindi sembianze, trasformandosi in una sorta di suggestivo tunnel bianco rosato, omaggio "petaloso" dalle tonalità pastello: attraversarlo apre il cuore dei più romantici e la mente dei più riflessivi, suscita una visione onirica nei sognatori e infonde serenità in chi pratica meditazione.

La magnificenza del momento è innegabile: ci si trova davanti a un evento dal valore straordinario durante il quale Madre Natura ci regala generosamente una percezione di pace assoluta, un immenso appagamento dei sensi. È impossibile frenare il veloce battito del cuore di fronte a tanta meraviglia racchiusa in uno spettacolo così armonioso.

In primavera i giapponesi usano organizzare feste e picnic in grandi parchi botanici e giardini, per godere appieno del panorama condividendo l'esperienza con le persone che amano. Questi eventi si protraggono nell'arco dell'intera giornata, tra ravioli, dolcetti *mochi* e qualche bicchiere di *sake*, musica, risate in compagnia e meditazione. E il calare della notte non sancisce certo la fine dei festeggiamenti: il chiaro di luna viene arricchito dalla fioca luce delle tipiche lanterne di carta colorata, appositamente predisposte per rendere eterea l'atmosfera sullo spegnersi del giorno.

L'*hanami* scivola così verso l'eccezionalità dello *yozakura*, termine che descrive i fiori di ciliegio nell'oscurità della sera. L'ammirazione notturna gode di un grande punto di forza, merito delle scintille di luci che creano giochi di colore tra i pallidi petali illuminati. Una credenza popolare afferma che quando i boccioli sono in pieno rigoglio, il loro colore vivace riesce a rischiarare anche le ombre più fitte. Pertanto essi diventano veri e propri "fiori di luce", piccole lampade fatate appese sui rami degli alberi. Le tenebre creano una rinnovata suggestione, uno scenario che non smette di stupire, lasciando gli spettatori a bocca aperta: fiori e sprazzi di luci catturano l'attenzione per l'ennesima volta.

A ogni modo, che l'osservazione avvenga di giorno sotto i raggi del sole oppure di notte sotto il cielo stellato, la fioritura dei ciliegi vive una stretta connessione con gli ideali della filosofia buddista legati alla mortalità, alla meditazione e alla capacità di vivere nel presente; ai *sakura* viene attribuita una profonda e importante metafora dell'esistenza umana: proprio come i fiori, la vita è intrisa di piacere, ricca di intensità, eppure sempre delicata, fragile e fugace. È frequente l'utilizzo della similitudine tra i repentini cambiamenti nell'esistenza degli uomini e quelli dei fiori di ciliegio. Entrambe le situazioni ricordano che l'alterazione dell'equilibrio è alla base del rinnovamento, in ogni ambito.

I fiori di ciliegio sono inoltre un simbolo speciale associato all'amore e alla femminilità nella sua interezza, per bellezza, sensualità e forza. Vengono accomunati alla ricerca della bellezza in ogni sua sfumatura, dalla più sfuggente alla più nitida, dal principio sino alla morte, dal lento sbocciare della prima gemma sino alla rapida caduta delle corolle dagli alberi.

Il ciclo vitale dei *sakura* rispecchia in maniera precisa tale ricerca. I boccioli nascono sui rami spogli e aridi degli alberi e si rivolgono al mondo fornendo un primo messaggio di rinascita, addobbando le fronde in un genuino trionfo della natura. Un'esplosione di eleganza energica e raffinata: la grazia dei fiori che sbocciano pacati ci vuole ricordare che sul nostro pianeta c'è sempre spazio per accogliere la comparsa e lo sviluppo di nuovo splendore, in ogni sua configurazione o accezione.

L'incantesimo dell'apertura del manto floreale dei ciliegi ammalia chiunque abbia la fortuna di posarvi lo sguardo; la luce rende l'atmosfera unica e diversa a ogni orario del giorno, una vista esclusiva, come riservata soltanto a occhi prescelti.

Sotto una magica tempesta di petali

In questo particolare periodo dell'anno, nonostante le condizioni atmosferiche miti, accade spesso che una leggera brezza faccia capolino tra le fronde, dondolando i rami sottili e solleticando le corolle schiuse.

Trascorsi circa quattordici giorni di piena fioritura dei ciliegi, quando il vento attraversa le chiome, si può manifestare un evento di straordinaria meraviglia. Lo spettacolo che si spalanca dinanzi ai nostri occhi è inimitabile, l'ultimo atto di una gloriosa e irripetibile rappresentazione teatrale, la scena finale che avvolge il cuore in una stretta morsa. Toshio e io restiamo letteralmente a bocca aperta.

Come succede per tutte le cose terrene, i fiori non sono destinati a durare per sempre, ma è anche grazie alla sua breve durata che l'*hanami* è così speciale.

È proprio quando il soffio d'aria si alza leggero e fresco che la vera magia accade: come nella più classica delle favole o in uno speciale sogno a occhi aperti, grazie alla brezza primaverile i petali di ciliegio prendono improvvisamente vita e in un turbinio di tenue colore svolazzano nell'aria, accarezzando dolcemente i passanti e tutto ciò che li circonda. Come quei petali, anche la mia mente vaga libera, stimolata dalla visione del paesaggio che la circonda, ammaliata dall'impareggiabile esibizione della forza dell'universo.

L'incantevole fenomeno cui ho l'onore di assistere è noto come *hanafubuki*, espressione intraducibile con una sola parola e che in giapponese significa letteralmente "nevicata di fiori di ciliegio".

L'ideale di bellezza effimera è illustrato in maniera perfetta dall'*hanafubuki*: la delicata tormenta di deliziosi petali riflette l'instabilità dell'esistenza.

È uno spettacolo che sprigiona sentimenti intensi e colpisce l'anima in profondità. Smuove emozioni recondite e rinfresca la mente, liberandola dalle afflizioni.

Quando i giapponesi si riuniscono sotto gli alberi in fiore, non lo fanno solamente per ammirarne la bellezza estetica. Si tratta infatti di una celebrazione che tocca corde più profonde, che si spinge oltre gli schemi formali, cogliendo il fascino insito nella vita e stringendosi a esso. In questa maniera i giapponesi trovano un'occasione di commemorazione della perdita dei loro cari, di riflessione sul vero valore dell'esistenza. Nel senso di meraviglia sprigionato da questa sorprendente visione, si lasciano alle spalle il passato per abbracciare e fare spazio a un promettente e brillante futuro.

Basta chiudere gli occhi e inspirare profondamente per assaporarlo, almeno nell'immaginazione.

Liberate la mente, guardate dentro voi stessi e provate a sognare le incredibili sensazioni che la magia dell'*hanafubuki* può suscitare in chi lo osserva e soprattutto lasciatevi intrigare dalle emozioni che trasmette. Passeggiate lungo il "sentiero del filosofo", il naso all'insù in esplorazione, lo scalpiccio delle scarpe sulla ghiaia, la vivace brezza del primo pomeriggio che sussurra dolcemente nell'aria mentre penetra attraverso le fronde cariche. Un fruscio costante annulla ogni rumore. Un silenzio prodigioso distende i sensi, districa i grovigli di pensieri nascosti in qualche cassetto della mente.

E accade d'improvviso, quasi come per incanto: al momento giusto una piccola scheggia chiara si stacca da un ramo alto, a quella ne segue un'altra e poi un'altra ancora. Nel giro di una manciata di attimi una pioggia dai tenui colori invade l'atmosfera trasformandosi in breve tempo in una straordinaria nevicata.

Nevica ma non fa freddo, perché i fiocchi non sono cristalli di ghiaccio ma piccole gemme di velluto. Incredibilmente, siete al centro di una tempesta pacifica, una bufera di profumi, pensieri e sentimenti, siete inondati da delicati petali che lasciano il rifugio sicuro sui rami per essere trascinati nel vento: scompigliano i capelli, solleticano gli zigomi, poi virano in esplorazione del mondo negli ultimi attimi della loro esistenza. Volano imperturbabili verso la conclusione in totale bellezza della loro breve vita. Anche nella loro fine, rappresentano la tenerezza in uno stato bello e fragile.

Terminata la vertiginosa caduta, si depositano aggraziati sul terreno e attorno alle spesse radici di quella che è stata la loro casa, riproducendo un soave tappeto profumato.

Sbocciano, vengono ammirati come preziosi diamanti e poi, in un batter di ciglia, volano via mossi dal venticello frizzante che li sospinge verso un poetico epilogo.

Non è difficile comprendere come il ciclo di vita dei fiori di ciliegio sia strettamente connesso a fattori esterni che ne influenzano l'andamento. La loro delicatezza è infatti esposta agli attacchi dell'ambiente. Il clima, le condizioni meteorologiche e tutti gli agenti esteriori controllano fortemente l'andamento della fioritura e della sfioritura, alterandone il ciclo stagionale: i fiori sono fragili e il cambiamento climatico o lo squilibrio delle temperature abituali possono rallentarne o accelerarne il corso di vita. Ecco perché l'incredibile fenomeno dell'*hanafubuki* coincide con il completamento del ciclo vitale del fiore: l'evento crea un interessante parallelismo con la realtà quotidiana, in cui l'uomo non è un'entità indipendente e ogni piccola alterazione del suo ecosistema influisce sullo sviluppo degli eventi. Le diverse variabili che influiscono sull'habitat dei *sakura* sono indispensabili all'innesco di un nuovo ciclo di fioritura.

L'effimera danza del vento

L'avversario principale delle corolle è sicuramente il vento, che soffiando ne altera il precario bilanciamento sui rami. Lo si può definire un vento di cambiamento: il suo obiettivo basilare è quello di portare novità, spronare al volo i boccioli, come la mamma rondine fa con i propri piccoli, per consentire all'albero il passaggio allo stato successivo, quello di rinascita verde.

Questo vento lo immagino come un bravo ballerino che balla al ritmo di una musica che soltanto lui può sentire. Mi piace pensare che il ballerino a un certo punto si guardi intorno e si accorga della gente seduta a osservarlo. In un impeto di trasporto decide che non vuole più danzare da solo e trascina tutto il pubblico sulla pista, costringendolo a volteggiare insieme a lui, creando ghirigori immaginari, insinuandosi come uno spiffero tra la folla di persone in leggero movimento. Il risultato è un insieme di risolini eccitati, passi scoordinati, visi imbarazzati, gonne piroettanti. Poi, senza indugi, il ballerino decide di uscire di scena, scompare dietro le quinte senza neanche voltarsi; gradualmente il pubblico torna a sedere, come scoraggiato dall'assenza di quella coraggiosa guida. Le ultime persone in piedi recuperano velocemente il proprio posto. Piomba un silenzio appagato, si abbassano le luci e rimane solo l'alone di un sorriso sulle labbra dei danzatori improvvisati.

La brezza rappresenta l'affabile ballerino e i fiori sono il suo pubblico adorante. Lui passa, alza i petali e li costringe a vorticare. Loro si sollevano e volteggiano nell'aria, prima in alto e poi in basso, a volte a destra e altre a sinistra, fanno qualche giro su loro stessi per poi lasciarsi fluttuare leggiadri nell'etere.

D'un tratto, quando meno ci si aspetta, il vento sparisce, cambiando direzione della corsa, e i petali rimangono soli, abbandonati al loro destino: senza più aiuto, decidono di non continuare e si lasciano andare, depositandosi a terra.

Negli occhi di chi ha assistito all'inconsueta danza permane lo stupore, lo sguardo attonito e la consapevolezza di essere un privilegiato. Il petalo che si depone sull'erba esala l'ultimo respiro; saluta la vita felice e spensierata dei suoi ultimi istanti.

La motivazione per cui l'*hanafubuki* viene associato al concetto di vita e di morte è comprensibile: l'intera esistenza dei fiori di ciliegio riflette quella umana. Dal suo principio alla sua conclusione, il *sakura* rispecchia principi spirituali; passo dopo passo, affronta i temi più delicati dell'umanità. La fragilità della vita e la sua consistenza effimera sono meravigliosamente rappresentate dalla caduta dei fiori. La discesa della neve in petali è l'emblema della debolezza terrestre, dell'insicurezza e della transitorietà; per quanto prospero e in salute, l'animo umano è soggetto a incursioni e influssi che lo deteriorano, le modifiche sono inevitabili e talvolta definitive. La decadenza dello stato di prosperità colpisce come una lama affilata nel petto, abbandonarsi al destino genera sempre un velo di malinconia.

Ciononostante, l'evoluzione è una condizione necessaria al miglioramento. Bisogna infatti tenere a mente che, una volta caduti tutti i fiori, sui rami degli alberi di ciliegio germogliano piccole foglie verdi. La vita continua, malgrado le avversità. Quando i cambiamenti avvengono in maniera improvvisa, con un'intensità incontrollabile, i problemi sembrano insormontabili, ma la velocità con cui si consumano questi momenti di passaggio aiuta a rinascere in fretta, dimenticando la pesantezza delle peripezie affrontate. La fugacità di ciascun attimo accompagna l'inesorabile scorrere del tempo e quelle lamelle verdeggianti che hanno sostituito il bianco rosato sui rami sono il simbolo della salute della pianta e dell'imminente sopraggiungere dell'estate, l'evoluzione dalla condizione iniziale al passo successivo.

Come dimostrano i fiori di ciliegio, la bellezza e la felicità sono gioie passeggere della vita, mezzi effimeri di ornamento alla visione d'insieme. Un labile suppellettile che adorna la nostra casa. Le difficoltà ci rendono ciò che siamo, in tutto il nostro splendore.

Vivere nel presente, lasciandoci alle spalle le influenze del passato, è essenziale per cogliere il rinnovamento.

Accettare la fragilità, il passare del tempo e la fugacità degli eventi ci renderà più forti e vigorosi. Comprendere che ogni avvenimento può essere un gradino su cui far leva per passare al successivo è essenziale per innescare il processo di metamorfosi, di rinascita spirituale.

Depurando lo spirito, liberandolo dalle negatività, lo si preparerà al rinnovamento. Proprio come i petali di ciliegio, che nell'accettare di essere sospinti dal vento donano nuova vita all'albero e preziose percezioni a chi li osserva spiccare il volo. Ecco perché i *sakura* rappresentano tanti simboli e metafore positive. Nel tempo hanno raccolto ogni piccolo spiraglio di novità, trasformandolo sempre in profonde lezioni di vita.

Le gambe ci portano lontani: di fronte all'imponente cancello del tempio Nanzen-ji, oltre il tempio di Chion-in – tra la folla riunita a contemplarne la magnificenza del portale, oppure in piedi, compita e rispettosa, dinanzi all'enorme braciere per richiedere agli dèi buona sorte e ispirazione –, e poi ancora lungo una vecchia stradina fino agli edifici del Kiyomizu-Dera, il tempio dell'acqua pura, così chiamato per la cascata all'interno del complesso che ha origine dalle vicine colline. La foschia della sera si è ormai addensata e le candele nel tempietto del culto sono accese. Proseguiamo verso il padiglione esterno fino al grande palco sulla palafitta, che sembra volteggiare sopra la città di Kyoto già illuminata, anche se rimane ancora nell'aria il chiarore del giorno. Appoggiata alla balaustra, mi domando cosa mi sia rimasto di questa giornata.

Ho imparato che è ora di sbocciare e di mostrare con coraggio la sgargiante bellezza insita in me. È ora di lasciarsi andare nel vento, senza paura di cadere. La vita è breve ma intensa, degna di essere vissuta appieno. E mentre volteggio verso l'infinito, saprò di aver fatto del mio meglio, di aver assaporato almeno un attimo di felicità.

Perché in fondo siamo tutti fiori di ciliegio.

4

思いやり
Omoiyari:

L'importanza delle (altrui) emozioni

思いやり
Omoiyari
L'importanza delle (altrui) emozioni

Kamo-gawa
35°00'22.9"N 135°46'17.0"E

Durante i miei giorni giapponesi le rive del Kamo-gawa, il fiume che attraversa Kyoto da nord a sud, sono brulicanti di vita: persone che passeggiano godendosi i raggi del sole, che portano a spasso il cane o si rilassano con un picnic. È uno dei luoghi preferiti per praticare sport – ho visto ragazzini giocare a tennis lungo le sponde – o fare suggestive passeggiate in bicicletta.

Sin dal passato il Kamo-gawa, il cui nome significa "fiume delle anatre", è stato il fulcro della vita quotidiana della città e il suo lento scorrere scandiva il ritmo delle giornate della vecchia Kyoto. Attraversa vari quartieri storici, tra cui il popolare distretto di Pontocho, dove le case del tè in cui si esibivano le geishe e i mercanti con i loro negozietti e le loro bancarelle prendevano posto lungo le rive, le stesse dove in seguito vennero costruite incantevoli terrazze su palafitte che tutt'oggi permettono di rilassarsi all'aperto e di godere di bellissime viste sul fiume e sull'area verde che lo abbraccia.

Ma è dopo l'imbrunire che il paesaggio si trasforma assumendo contorni magici: le luci fievoli delle lanterne si riflettono sulle acque del fiume e illuminano i piccoli vicoli traboccanti di tradizionali edifici in legno. Kyoto è fatta così. Camminando lungo il fiume o i tanti canali che lo costeggiano, potrete avere la fortuna di sbirciare all'interno e assistere agli antichi, melliflui rituali che vi si svolgono.

Il Kamo-gawa mi ricorda cosa significhi per i giapponesi l'*omoiyari*, ossia il rispetto per la persona che si ha accanto. E lo fa quando vedo un gruppo di persone intente a godersi la frescura del fiume, appollaiate sulle pietre a forma di tartaruga che, poco a nord del ponte Sanjo, consentono di attraversarlo. Sono tutte estremamente attente a non turbare la tranquillità delle persone intorno, nonostante le sponde del fiume siano affollatissime. È proprio qui che ho appuntamento con Toshio.

Stare bene facendo del bene

Viviamo in un'epoca in cui la vita è interamente orientata al proprio interesse egoistico ed esclusivo. Siamo tutti fagocitati da ambizioni sempre più grandi, che portano spesso a pestare i piedi a chi ci circonda: troppe volte il motto principale di ognuno sembra essere *mors tua vita mea*; si tende a giudicare le persone in base al loro successo professionale, senza tenere conto dei bisogni e dei sentimenti altrui. La conseguenza di un atteggiamento del genere è devastante per tutti: danneggia non solo chi lo subisce, ma anche chi lo mette in atto, proprio perché si trova a spendere tutte le energie nel nuocere agli altri, nella vana ricerca di un'approvazione che, in fondo, non sarà mai autentica né genuina.

Concordo con Toshio quando dice che dovremmo tutti cambiare la nostra attitudine, cercando di essere meno concentrati in un mero profitto egoistico, e prestare orecchio alle necessità delle persone che compongono la società in cui ci troviamo. Bisogna allontanarsi dai propri interessi e curarsi del prossimo, per stare bene facendo del bene.

Questa inclinazione positiva si può cercare e trovare nella cultura giapponese, in cui la gentilezza e la considerazione verso gli altri guidano la vita quotidiana di ogni cittadino; e proprio questo modo di concepire la vita è espresso dal termine *omoiyari*, che dovrebbe essere il principio fondamentale di ogni relazione umana. Il significato di questa affascinante parola si cela dietro a quel comportamento estremamente educato e riservato che spesso, da uno sguardo tutto occidentale, salta subito all'occhio nella popolazione nipponica.

Un atteggiamento *omoiyari* si manifesta sia nelle azioni più semplici – come cedere un posto a sedere oppure preoccuparsi di non infastidire gli altri durante un viaggio, o ancora avere riguardo per i propri vicini di casa nella quotidianità – sia nei gesti più importanti nei confronti di persone conosciute o sconosciute. Si tratta di gentilezza gratuita e intuitiva che mira soltanto a soddisfare il benessere di chi ci circonda, lontano da obiettivi egoistici.

Ma è molto più complesso di ciò che sembra e, per comprendere appieno il mondo che spalanca l'uso di questa parola, bisogna scendere in un'analisi dettagliata.

Il termine *omoiyari* non ha una traduzione precisa in italiano, poiché racchiude in sé diverse sfumature. Volendo partire dall'aspetto più linguistico, possiamo iniziare a capire questo vocabolo individuando le due parti che lo compongono: *omoi* vuol dire "avere cura degli altri", mentre *yari* è un sostantivo che deriva dal verbo *yaru*, il cui significato è "mandare qualcosa a qualcuno". Unendo queste due definizioni, si potrebbe dire che letteralmente *omoiyari* esprime l'idea di mandare agli altri i propri sentimenti altruistici. Ma cosa si intende?

Naturalmente il mezzo più diretto per trasmettere dei sentimenti è il comportamento: si parte da un atteggiamento mentale di positività sociale, un'attenzione particolare nei riguardi di chi ci circonda, che nasce prima di tutto dal pensiero. Immaginare le necessità degli altri e cercare di intuire come poter essere di aiuto è esattamente l'atteggiamento alla base dell'*omoiyari*.

Toshio afferma che in psicologia il significato di questo termine è stato individuato nell'unione dei concetti "altruismo", "compassione" ed "empatia" e si manifesta a livello sociale attraverso un'attitudine positiva nei confronti degli altri.

La componente di altruismo costituisce l'aspetto del sacrificio personale volto al bene di un'altra persona e si esplicita nel porre le esigenze e i bisogni altrui davanti ai propri. Secondo un atteggiamento *omoiyari*, l'altruismo è il desiderio di spendersi per gli altri, di accorrere in aiuto senza che venga espressamente richiesto. Come quando si è comodamente seduti su un mezzo pubblico e sale una persona con una gamba ingessata: il suo bisogno di sedersi viene prima del nostro, a prescindere dal motivo che ci ha spinti inizialmente a occupare quel sedile. Come già detto, altruismo si riferisce anche all'atto spontaneo di offrire qualcosa gratuitamente nel momento del bisogno, di aiutare senza che venga richiesto, di essere pronti a mettersi a disposizione degli altri e, soprattutto, senza la promessa di una ricompensa.

È chiaro che il dare non è riferito esclusivamente a qualcosa di materiale, né al solo sacrificio personale: non ci devono essere per forza gesti plateali di aiuto pubblico; lo spendersi per gli altri è realizzabile anche in piccoli fatti, nel semplice ascoltare chi ne ha bisogno, nell'accompagnare silenziosamente e nel prestare sostegno morale in un momento particolare.

Questo altruismo va di pari passo con la compassione, intesa nel suo principale significato di "condivisione del dolore", di partecipazione sofferta a ciò che affligge la vita di chi abbiamo davanti, che sia un dolore lieve o grave, passeggero o costante. La comprensione della sofferenza altrui è un aspetto fondamentale dell'*omoiyari*, poiché la condivisione è parte integrante di una propensione positiva nei confronti di chi ci circonda. Se si vuole fare del bene, il primo passo è capire l'altro, cercare di mettersi nei suoi panni e aiutarlo a sopportare il dolore; spingere chi soffre a condividere le proprie pene, con tatto e delicatezza, cercando di non essere mai invadenti, vuol dire già dare un grande aiuto e di conseguenza fare del bene. Con compassione si intende preoccuparsi per un'altra persona considerandone sempre i sentimenti: appoggiare lo spirito sofferente di chi ne ha bisogno permette di attenuarne il dolore aiutandolo a sopportare meglio la propria condizione. Anche questo è un aspetto di un atteggiamento *omoiyari* orientato sempre e comunque verso gli altri.

Chi non agisce nelle intenzioni positive delineate da tale concetto giapponese dovrebbe a un certo punto rendersi conto della grande tristezza che in realtà prova nel non tenere in conto l'altro, causandogli malessere e dolore. Per questo migliorando l'attitudine delle proprie decisioni in un comportamento orientato agli altri si crea anche un benessere profondo e puro per se stessi; bisognerebbe sempre cogliere l'occasione di fare del bene, di condividere la propria vita per dimezzare i pesi altrui.

Tutto ciò naturalmente si collega in maniera diretta al concetto di empatia. La capacità di andare oltre alla condivisione e provare sulla propria pelle i sentimenti altrui è la componente principale dell'*omoiyari*, come mi spiega Toshio: immedesimarsi spontaneamente nelle situazioni che affliggono gli altri per poter fornire loro il massimo aiuto e potersi spendere il più possibile per fare del bene. Empatia si riferisce al sentire come gli altri sentono, fare propri i loro sentimenti in maniera riflessa e cercare di raggiungere un certo grado di corrispondenza tra l'*io* e il *tu*, far sì che l'esterno diventi interno tramite la comprensione.

Grazie all'empatia, non solo si può afferrare il senso di ciò che comunica a parole il nostro interlocutore, ma se ne può comprendere anche il significato più recondito, quello psico-emotivo. Ovviamente ciò ci consente di ampliare la valenza del messaggio, cogliendone elementi che spesso vanno al di là del contenuto semantico, esplicitandone la metacomunicazione, cioè quella parte realmente significativa della comunicazione non verbale, espressa dal linguaggio del corpo, che è possibile decodificare proprio grazie all'ascolto empatico.

Per riuscirci è necessaria, oltre all'abilità, soprattutto la volontà di mettere da parte il proprio io per sforzarsi in un processo di riconoscimento dei sentimenti degli altri; è quasi come se si sperimentasse un certo piacere nel prendere sulle proprie spalle un fardello altrui, per riuscire in questo modo ad aiutare chi ne ha bisogno. Tutto ciò avviene senza comunicazione diretta: ancora una volta l'empatia dell'*omoiyari* non implica richieste precise, basandosi piuttosto su un sentire profondo e silenzioso dell'altro.

La verità è che oggi non possiamo più permetterci di erigere muri per lasciare gli altri fuori dal nostro mondo, non possiamo più instaurare confini, né pensare di eliminare l'altro per purificare noi stessi: non possiamo più limitarci a tenere pulito il pianerottolo di casa quando gli oceani sono pieni di plastica. Dobbiamo sforzarci di allargare il nostro sguardo anche a ciò che ci sembra lontano: in senso più ampio, ciò che facciamo ha ripercussioni anche su quello che non facciamo o che scegliamo di non fare, con ricadute tremendamente concrete sulla vita di tutti i giorni.

Il riflesso dell'empatia

Tutte queste caratteristiche trovano la loro sintesi in un comportamento sociale orientato al miglioramento incondizionato della vita degli altri: l'intervento spontaneo nell'interesse di chi ci circonda, che non mira al riconoscimento pubblico del proprio gesto ma trova la sua genuina ricompensa nel benessere altrui. È proprio l'unione di questi atteggiamenti e modi di vivere la società e i rapporti con gli altri a generare un comportamento positivo di *omoiyari*, un circolo virtuoso di aiuto verso il prossimo dal quale si può trarre di riflesso una sensazione di benessere ogni volta che una nostra azione fa del bene.

La persona è il baricentro di ogni possibile società, perché i suoi problemi e i suoi bisogni ne definiscono da sempre le logiche. Gli individui sono legati tra loro da rapporti di interdipendenza e l'errore di uno, soprattutto quando occupa posizioni di responsabilità, crea sempre conseguenze sugli altri.

Omoiyari significa prendere in completa considerazione il prossimo, cercare di conoscerne e comprenderne i punti di forza e di debolezza, non con l'obiettivo di colpire dove fa male, quanto piuttosto per poter intervenire nel suo interesse, aiutandolo a divenire una persona migliore in una convivenza generale armonica e votata alla positività. In fondo anche chi odia prende in considerazione gli altri, li conosce e si adopera nello scandagliare le loro paure e debolezze, per poi però usarle come armi. Non basta quindi cimentarsi nella scoperta del prossimo, ma occorre usare in maniera solo positiva la conoscenza che deriva dall'interazione, utilizzare tutte le proprie forze per lenire il dolore altrui ed essere di conforto.

Si tratta di scoprire nel proprio essere una naturale e spontanea gentilezza verso chi ci circonda, una speciale sensibilità nel comprenderne le situazioni e i sentimenti e farli propri, così da agire nel pieno rispetto degli altri. Rispetto secondo il quale l'individualità di ciascuno di noi, nel momento in cui entra in contatto con l'altro, diventa un fattore decisivo per evitare di causare negatività, dispiacere o preoccupazione nel prossimo.

Omoiyari significa avere un'intuitiva comprensione dei sentimenti altrui, che conduca a rendersi perfettamente conto di cosa fare e non fare, senza quel classico meccanismo a cui siamo abituati di dare per ricevere che regola la società occidentale e senza che ci si aspetti di avere in cambio gratitudine.

Infatti, per rientrare interamente nel comportamento ideale presupposto dal concetto di *omoiyari*, è imprescindibile una propensione del tutto gratuita e disinteressata nei confronti del prossimo: non si fa del bene aspettandosi una ricompensa; si va incontro agli altri per il piacere di farlo, perché la propria felicità si realizza solo ed esclusivamente in quella di chi riceve il bene. Non è una questione di ottenere o meno qualcosa in cambio, che sia un riconoscimento di gratitudine o materiale: non si agisce nel bene aspettandosi qualcosa, semplicemente deve essere un bene fine a se stesso.

Il valore dell'*omoiyari* di qualcuno si valuta in base alla purezza della considerazione per gli altri; naturalmente ciò implica il fatto che più l'atteggiamento di ognuno è spontaneo, più è apprezzato e si colloca alla perfezione nei parametri tracciati dal termine.

Si tratta di un comportamento sincero e intuitivo, che non presuppone alcuna macchinazione o pianificazione volta a ottenere risultati, né tanto meno è mosso da senso del dovere: ciò che è importante avere chiaro sull'*omoiyari* è che metterlo in atto è frutto di una libera scelta.

L'*omoiyari* come principio guida

Finora abbiamo cercato di spiegare attraverso le parole che cosa si intenda con *omoiyari*, ma nella pratica, nella vita di tutti i giorni, cosa è davvero un atteggiamento *omoiyari*? Come si riconosce e come si fa a adottarlo come principio guida della propria vita?

Sicuramente tutto ciò che si è detto fino a qui può trovare una realizzazione contingente, basta volerlo e lasciarsi condurre da tutti i sentimenti positivi di cui si è forniti per natura, poiché, anche se spesso non ci rendiamo conto del potenziale altruista che ognuno di noi possiede, è presente e va solamente scovato ed esercitato. In fondo l'uomo è un animale sociale, ha bisogno degli altri per poter vivere e manifestare i propri stati d'animo, ma viene spesso portato fuori strada dalla frenesia della vita moderna che condiziona sempre più l'animo umano. Bisogna invece rendersi conto del fatto che ognuno di noi è pieno di sentimenti positivi da riversare sugli altri, per cui ciò che ci vuole è un sano allenamento alla gentilezza, prendendo esempio proprio dal popolo giapponese, che alla pratica attiva e costante dell'*omoiyari* è abituato da tempi immemori.

In qualunque situazione basta uno sguardo rivolto all'esterno per accorgersi di quanto aiuto siamo in grado di fornire senza che questo ci danneggi in alcun modo, anzi alla lunga ci possiamo rendere conto di quanto effettivamente influisca positivamente sulla nostra vita. Prendiamo una situazione davvero quotidiana, quasi banale: vivendo nel pieno centro di una metropoli, magari in un palazzo, si avrà sicuramente a che fare con dei vicini e, si sa, la convivenza in un condominio non è sempre facile; un comportamento *omoiyari* è per esempio immaginare tutti quegli atteggiamenti che potrebbero infastidire gli altri per evitarli a prescindere, senza andare in giro a chiedere esplicitamente se possano dare fastidio o meno. Oppure, sempre sulla scia delle circostanze quotidiane, mettersi a disposizione per fare la spesa al posto di una signora anziana che si conosce anche solo di vista, o ancora dare una mano al doposcuola del quartiere nel proprio tempo libero. Insomma, spendersi in piccoli gesti che all'interno di una comunità fanno sicuramente del bene.

Queste sono piccole cose, ma ci possono essere anche altri frangenti in cui un atteggiamento *omoiyari* può aiutare in maniera consistente il prossimo: per esempio un amico o un conoscente che ha un grave problema o un malessere, fisico o psicologico, che gli rende la vita difficile. Se un nostro collega è in ansia per un lavoro che potrebbe costargli il posto, e se un suo licenziamento potrebbe comportare un vantaggio per noi, dovremmo mettere da parte il sentimento egoistico di arrivismo per aiutare quel collega a mantenere la propria felicità; e se quest'ultimo poi non dovesse nemmeno ringraziare, il sentimento positivo di *omoiyari* ci basterà per essere soddisfatti del nostro comportamento.

Bisogna sempre tendere la mano, ascoltare e percepire i sentimenti degli altri, in modo tale da poter intervenire con un aiuto disinteressato, anche se questo dovesse non essere congeniale per chi agisce. Lo spirito è proprio questo: farsi da parte per rendere la vita migliore a qualcun altro, perché questa è la massima ricompensa, il bene per il bene. L'*omoiyari* si concretizza con chiarezza e si esprime in tutta la sua essenza ogni volta che colui che agisce rinuncia a ottenere ciò che gli renderebbe la vita più confortevole, si impedisce di realizzare ciò che desidera, evita di soddisfare le proprie ambizioni, perché prende in considerazione l'altro nel momento in cui deve fare una scelta.

Non sempre però l'*omoiyari* implica un'azione: avere un pensiero nei confronti di qualcuno non comporta necessariamente un intervento attivo. Ci sono situazioni in cui fare del bene significa essere consapevoli che in quella determinata situazione non bisogna agire, ma semplicemente farsi da parte. L'empatia si manifesta anche nel rendersi conto di quando il migliore aiuto che si possa dare è non fare niente, lasciare a una persona lo spazio di cui ha bisogno, o addirittura lasciarla libera di commettere un errore.

Spesso basta semplicemente ascoltare, ed è quello che faccio io quando incontro i miei clienti. Durante i miei appuntamenti ne ascolto le storie e spesso anche i problemi; a volte hanno soltanto bisogno di parlare con qualcuno che abbia uno sguardo neutro e oggettivo sulle cose. Ciò è molto utile per sfogarsi e liberare la mente dai pensieri da cui si sentono tenuti in ostaggio.

Non dobbiamo quindi avere l'ansia di intervenire a tutti i costi, perché potrebbe essere addirittura controproducente: può capitare che una persona sia attanagliata da un malessere interiore legato proprio all'intervento altrui, magari per il fatto che si sente incapace di risolvere un problema in modo autonomo perché qualcun altro è sempre accorso in suo aiuto. In questo caso l'agire *omoiyari* si manifesterà restando in silenzio e lasciando che quella persona risolva il problema da sola, per far sì che si senta meglio accorgendosi che è in grado di contare sulle proprie forze.

Per questo è necessario vivere rivolgendo in modo permanente il proprio essere all'anima altrui, avere una curiosità genuina e un reale interesse, così da essere in grado di ascoltare anche quando viene meno la comunicazione verbale e capire come comportarsi nel modo migliore in base alla situazione.

Naturalmente un atteggiamento sociale secondo il principio di *omoiyari* – perciò agire in un'ottica di aiuto verso gli altri – può avere dei risvolti negativi inaspettati, come il rifiuto da parte del suo destinatario. L'idea di un'azione volta al beneficio altrui deve essere volontariamente accettata da chi la riceve, mentre chi la mette in atto deve essere preparato alla possibilità che le sue intenzioni vengano rifiutate: ci si deve assumere un margine di rischio di fallimento nella propensione ad agire negli interessi del prossimo. Ognuno deve operare nella propria libertà di pensiero e, nonostante tutte le buone intenzioni che si celano dietro un atto di gentilezza, chi lo riceve deve essere libero di rifiutarlo, esattamente come è libero di non reagire con gratitudine; non si può imporre un atteggiamento *omoiyari*, altrimenti se ne snaturerebbe la caratteristica più intrinseca. Proprio per questo non deve mai essere un comportamento di reazione, quanto piuttosto un agire spontaneo in cui ci si mette nei panni degli altri, sempre pronti a intervenire ma anche a ricevere un rifiuto come risposta alla nostra buona volontà.

È importante inoltre mantenere una rilassatezza pacifica davanti a un'eventuale reazione inaspettata e cercare di non danneggiare l'equilibrio positivo che si è raggiunto: l'irritazione provocata da un mancato segno di gratitudine da parte di chi abbiamo aiutato è totalmente sbagliata, poiché scaturisce da un'aspettativa sciocca, basata su meccanismi egocentrici che vanno contro tutto il principio fondamentale dell'ottica *omoiyari*.

Si tratta, in definitiva, di un comportamento che scaturisce da un'intelligenza sensibile messa a servizio di gesti pratici, per cui l'azione che ne deriva non può risultare da un intervento al di fuori della propria coscienza, né deve essere dettata da qualunque tipo di condizionamento esterno. Una mente aperta e piena della filosofia *omoiyari* avrà sempre una condotta adeguata e saprà reagire nel modo giusto in ogni situazione, perché è abituata all'ascolto istintivo di ciò che la circonda; è una mente che ha imparato a liberarsi dell'egoismo e dell'autocompiacimento, scoprendo che c'è tutta una nuova forma di benessere fuori da se stessi.

In conclusione, l'aiuto incondizionato verso gli altri, la gentilezza gratuita, la cura e il riguardo nei confronti di chi ci circonda senza chiedere nulla in cambio, senza aspettarsi una ricompensa che faccia il proprio interesse, definiscono uno spirito *omoiyari*.

Ognuno dovrebbe iniziare a guardare alla propria vita secondo queste indicazioni, cercando di modificare gli atteggiamenti negativi e dannosi per rendersi finalmente conto che il vero bene sta solo ed esclusivamente nel bene che si fa per gli altri.

5

金継ぎ
Kintsugi

Un aggiustatutto per l'anima

金継ぎ
Kintsugi

Un aggiustatutto per l'anima

Kinkaku-ji
35°02'22"N 135°43'42.6"E

Nella mia tazza c'è un intero prato verde, deliziosamente curato, come l'erba fina di un dipinto impressionista, come le campagne sconfinate che corrono intorno a Kyoto, le foreste che ricoprono i fianchi delle frastagliate catene montuose.

Una gradazione di verde che mi ricorda i teneri germogli che crescono sui rami spogli degli alberi a inizio primavera: un colore timido ma intenso, a tratti cangiante. Somiglia al riflesso della vegetazione nell'acqua del grande stagno che circonda il tempio Kinkaku-ji, quel particolare gioco di tonalità e sfumature ammalianti creato dalla luce al calar della sera, quando si intreccia alle prime tenebre.

Sorseggio appagata il mio smeraldo liquido, il corpo avvolto nella seta rosa a fiori del mio kimono, il respiro calmo e profondo, la mente in elevazione.

Il profumo della bevanda calda mi inebria avvolgendo i sensi in un persistente abbraccio e trasportandomi fuori dal mio stesso corpo, in una sorta di viaggio sensoriale alla scoperta della mia psiche.

La casa del tè è costituita da un solo edificio, piccolo e riservato, dallo stile rustico ed essenziale. Collocata all'interno dei giardini del tempio, anche detto Padiglione d'oro, si erge su una piccola collina che svetta sul suggestivo santuario, offrendo ai suoi ospiti, oltre a deliziosi dolcetti e infusi ristoratori, un panorama eccezionale. È immersa nella natura, circondata da piante e muschi, e la luce, filtrata e sommessa, crea un'atmosfera rilassata ma nell'insieme affascinante.

Da quassù la vista è incomparabile. Mozzafiato. Spalanco gli occhi, cercando di catturare il maggior numero di dettagli, marcando a fuoco nella memoria le sensazioni che provo, nella speranza di conservarle per sempre.

La semplicità di questo luogo mi trasmette un senso di profonda spiritualità: mistero ed eleganza, in un surreale connubio. Sembra quasi che il vuoto materiale miri alla creazione di un vuoto mentale, uno spazio di elaborazione della consapevolezza dell'esistenza, di estraniazione dal mondo in contemplazione dell'unicità di ogni attimo vissuto. Sospiro, emozionata, con il cuore sospeso a mezz'aria.

Questo è l'Oriente: la spiritualità, la coscienza, la liberazione e i valori.

Inspiro profondamente, riempiendo con lentezza i polmoni di ossigeno; la mia anima è sempre più leggera, il mio spirito si purifica, privato dalle preoccupazioni della comune vita terrena.

Il silenzio domina l'atmosfera, un venticello impalpabile si solleva e attraversa le fronde dei grandi alberi che riposano gentili attorno al tempio; le foglie dondolano e scontrandosi tra loro generano un piacevole e armonioso fruscio.

Mi sento sospesa nel tempo e nello spazio, come una nuvola sola nel cielo sgombro, come una piuma sospinta dal vento.

Dalla sommità di quella propizia altura, ammiro estasiata il giardino zen che circonda il luogo di culto; la sua essenzialità mi colpisce: ho sempre apprezzato lo stile dell'estetica zen, delicato e sobrio, di una bellezza semplice ma sublime, austera ma armoniosa.

Il mio sguardo si perde nuovamente in osservazione. Il lago è un magnifico specchio naturale che riesce a rendere tutto ancora più incantato: grazie all'acqua distesa, le tinte del paesaggio si riflettono, prendono vita e si mescolano tra loro, creando sfumature ammalianti, come in una sorta di disegno ad acquerello.

Il Padiglione d'oro è un tempio buddista considerato tra i più belli di tutto il Giappone e dichiarato patrimonio dell'umanità dall'Unesco. Il Kinkaku-ji (il cui nome ufficiale è Rokuon-ji, letteralmente "tempio del giardino dei cervi") venne edificato nel XIV secolo come villa dello *shōgun* Ashikaga Yoshimitsu, dopo la morte del quale fu convertito dal figlio Ashikaga Yoshimochi in un tempio della setta buddista zen Rinzai. Il tempio bruciò due volte durante la guerra Ōnin (1467-1477), ma venne sempre ricostruito nelle sue fattezze originarie. Il terzo e più famoso incendio lo racconta Yukio

Mishima nel romanzo *Il padiglione d'oro*; fu il novizio Hayashi Yoken ad appiccare il fuoco il 2 luglio 1950 con l'intenzione di morire insieme al Padiglione.

Nascosto tra la vegetazione ai piedi delle montagne, come ne fosse parte integrante, la sua grazia è innegabile quanto eterna e ogni singola rifinitura, seppur piccola, ha il suo significato recondito.

Continuo a esplorare con lo sguardo ogni minuzioso particolare, ma, proprio quando credo di aver visto tutto, ecco che noto qualcosa di ignoto e ammaliante. Una pagliuzza dorata cattura la mia attenzione, distogliendomi dai pensieri. È pomeriggio e i raggi del sole accarezzano dolcemente l'intero padiglione. Le facciate del tempio sono ricoperte da tante piccole foglie d'oro puro. Toshio mi ha spiegato che per la dottrina buddista giapponese l'oro è il metallo che rappresenta la purificazione, considerato elemento in grado di allontanare le negatività.

Sulla cima del tempio un'altra scintilla metallica crea un magico bagliore: aguzzando la vista si può notare che sull'estremità più alta della costruzione a tre piani si eleva una meravigliosa fenice, con le ali spiegate e lo sguardo alto e fiero, antico simbolo di rinnovamento e rinascita a nuova vita.

In questo preciso momento una parola si fa spazio nella mia mente, come un pesce recuperato da un profondo lago di ricordi: *kintsugi*.

La bellezza di mostrarsi fragili

A una prima lettura, il *kintsugi* può dare l'impressione di essere un concetto piuttosto complicato, specialmente per noi occidentali, poco abituati alla lingua giapponese. Eppure è una parola in realtà molto semplice, composta da *kin*, "oro", e *tsugi*, "unione". Quindi, letteralmente, "unione d'oro". Un significato che rimanda immediatamente a un'accezione nobile.

Si tratta di un'arte che racchiude in sé estremo fascino, in grado di coinvolgere chiunque in maniera profonda, catturandone la psiche.

L'attento lavoro artistico degli artigiani giapponesi prevede un caratteristico procedimento di riparazione tramite l'uso dell'oro che, oltre a restituire interezza a porcellane danneggiate, si pone anche come espressione simbolica di ripristino della bellezza. Ecco perché questa pratica così affascinante non rappresenta soltanto una particolarissima tecnica millenaria, ma è anche custode di simboli e metafore di vita: ha infatti una forte valenza filosofica e spesso viene considerata una sorta di terapia psicologica. È Toshio a parlarmene per la prima volta: lui naturalmente ne è un grande appassionato.

Nella vita comune, a qualunque persona sarà certamente capitato di rompere qualcosa accidentalmente: una tazza, una scodella, un piatto… Personalmente, non posso negarlo, di fronte ai cocci rotti e ai pezzi sparsi qua e là l'istinto che ho sempre avuto è stato quello di raccoglierli e buttarli via, seppur dispiaciuta per la perdita. È normale reagire così, a meno che non sia un oggetto a cui teniamo particolarmente – in quel caso quasi ci disperiamo se lo vediamo andare in frantumi.

Siamo influenzati dalla frenesia dei tempi moderni, che ci porta sempre più spesso a pensare che un oggetto rotto debba necessariamente essere sostituito. Ma il "nuovo" vale più del "vecchio"?

Il crescente influsso consumistico, tipico del mondo contemporaneo, ci incoraggia a gettare e a riacquistare, a sbarazzarci di oggetti per farne spazio ad altri, annullandone il valore intrinseco. Questo stile di vita si colloca ben lontano dalla filosofia giapponese legata al *kintsugi*, un'antica abilità che affonda le proprie radici nel XV secolo, un'era particolarmente prospera per l'arte nipponica, durante la quale si è affermata una nuova estetica con una tematica predominante: la reincarnazione.

Il procedimento, mi spiega Toshio, consiste nell'utilizzo di una particolare vernice dorata a cui viene unito un collante, per tenere insieme le parti di un oggetto di ceramica rotto e dargli così una nuova vita.

Se lo guardiamo in prospettiva – e i giapponesi sono dei maghi in questo –, è un procedimento facilmente riconducibile alla nostra esistenza. Il *kintsugi* è una metafora da applicare alla vita reale per guarire le ferite dell'anima e dare risalto alle cicatrici che ci portiamo addosso riempiendole d'oro, affinché brillino e diventino le fessure dalle quali far scaturire nuova forza, nuova energia. Insomma, in poche parole: un atto straordinario.

Per tornare all'antica tecnica, l'oro diventa pregiato materiale adesivo: grazie a mani sapienti che lo ammaestrano e indirizzano, si insinua nelle crepe sostituendo la parte mancante ed evidenzia i difetti anziché nasconderli, creando così un'opera d'arte unica nel suo genere.

Guardando una ciotola o un piatto andato in frantumi possiamo capire meglio la natura fragile delle cose e renderci conto che il nostro mondo, la nostra vita, non è altro che un assemblaggio di pezzi, grandi o piccoli. Di cose, di eventi, di persone. Tenerli insieme è compito nostro.

Dopo la fine di una relazione o la perdita di una persona cara, spesso siamo soliti definirci con un'immagine: "il cuore a pezzi". Lo scopo del *kintsugi* è proprio aiutarci a trovare la forza di diventare artigiani di noi stessi. Curare le ferite del cuore, riempirle d'oro e lasciare che tornino a brillare.

La tecnica del *kintsugi* è indubbiamente esclusiva e non si limita alla sola e semplice riparazione. Vi sono casi in cui si ricorre a questo metodo per correggere delle semplici incrinature. Tuttavia, come accade nella vita, a volte il danno può risultare di entità maggiore. In questi casi può essere necessario un intervento più impegnativo: sostituire il frammento mancante. Ciò è possibile tramite la creazione di un pezzo su misura, realizzato interamente in oro in modo che possa combaciare perfettamente con gli altri cocci. Ci sono situazioni in cui viene invece utilizzato, come surrogato, un pezzo proveniente da una porcellana simile a quella originale. Ciò rende l'oggetto ancora più originale, perché la spaccatura e la precisa ma evidente riparazione diventano parte fondamentale della sua storia, non errori da celare all'occhio più curioso.

Il fine di tale pratica è sempre quello di valorizzare l'imperfezione: il risultato che si ottiene è unico e irripetibile. L'oggetto acquista quindi forza, traendo un vantaggio dall'evento negativo ed energia da ciò che lo ha danneggiato.

È questa la base del *kintsugi*, anche detto *kintsukuroi*: l'arte di ricomporre e abbellire ciò che è rotto, tanto gli oggetti quanto il nostro spirito.

Il *kintsukuroi* potrebbe essere descritto come l'applicazione di un cerotto speciale che offre una medicazione e un nuovo pregio. Quest'arte rende le ferite uniche e si basa su un pensiero che va ben oltre il mero concetto estetico; si tratta infatti di ideali più profondi, vicini a guarigione e resilienza. È il punto di partenza di un processo di accettazione, assimilazione dei propri trascorsi; un processo che dona vigore e nuova bellezza alle lesioni, fisiche o emotive, visibili o invisibili. Ci sussurra che la fragilità è utile alla crescita e che non deve spaventarci. Le esperienze dolorose sono espedienti per il rafforzamento dell'anima: non ci indeboliscono, bensì, se comprese e assimilate a fondo, ci valorizzano, rendendoci unici e preziosi, proprio come l'oro che ripristina l'interezza del vaso frantumato o un segno sulla pelle che rende particolare e riconoscibile un corpo.

Non solo non si tenta di nascondere danni e difetti, ma la riparazione, l'intervento di ripristino allo stato "ordinario", viene messa in luce ed evidenziata con l'oro, come in una sorta di preziosa fasciatura, una toppa aurea. L'obiettivo è quello della ricomposizione, che porta a un passaggio successivo, a un innalzamento della propria condizione.

La filosofia dietro al *kintsugi* condivide molti aspetti con quella del *wabi sabi* e della sua visione di transitorietà delle cose, basata sull'accettazione dell'imperfetto e sulla consapevolezza dell'inevitabilità dei cambiamenti. Si parla infatti di una "bellezza imperfetta, impermanente e incompleta", immagine che ha un'ottima coesione con l'idea della riparazione con l'oro e l'evidenza di tale intervento.

Contemplare l'imperfezione porta ad accettare l'inevitabile corso degli avvenimenti. E tale accettazione è il primo passo fondamentale per la guarigione. Così un evento "traumatico" non deve necessariamente avere un'interpretazione sfavorevole.

Esistono un inizio e una fine per tutte le cose, materiali o immateriali, appartenenti alla vita terrena. Immagino una corrente d'acqua che nasce alla sorgente e prosegue il suo tragitto fino alla foce; scorre, inesorabile, ospitando vite e attraversando terre e rocce, un percorso di chilometri e chilometri che supera barriere, arricchendosi di ciò che trova sul cammino. Così è la vita degli oggetti, ma anche quella degli esseri umani e dei loro sentimenti.

Solo due cose sono totalmente certe: la nascita e la morte. Le vicissitudini della vita, cui ogni singolo individuo è sottoposto, rimangono aleatorie ma sono necessarie, per apprendere l'importanza e la sensibilità dell'esistenza stessa.

Un cuore infranto può tornare a battere

Gli occhi di Toshio quasi brillano quando mi spiega che il processo di recupero della ceramica attraverso il *kintsugi* si può facilmente paragonare a un percorso di guarigione; come la porcellana, anche noi umani possiamo "romperci". Cuori spezzati, lutti, malattie, difficoltà, pensieri oscuri: nel corso della vita possiamo essere preda di numerosi momenti tristi, torturati da gravose situazioni, e la luce che emaniamo può essere offuscata dalle ombre. Possiamo uscirne soltanto se impariamo a guardare oltre la coltre di nubi che oscura i raggi del sole.

È un pensiero che ricorda il concetto di resilienza, definita in psicologia come la particolare attitudine di un individuo di affrontare e superare un periodo di difficoltà o un evento traumatico.

Per accettare la nostra vulnerabilità servono grande forza emotiva, coerenza e autenticità. È nella forza emotiva che possiamo trovare la chiave per vincere le crisi e le sfide della vita, generando uno stato di resilienza che è forse la qualità che meglio garantisce vitalità e riscatto dalle condizioni più difficoltose. L'arte del sapersi rialzare dopo ogni caduta. Le ginocchia sbucciate ricordano che bisogna provare le cose sulla propria pelle per imparare veramente.

Il trucco sta nel superare e rompere gli schemi mentali che ci siamo imposti. Non dobbiamo porci un freno per paura delle ferite. Siamo sempre sul filo di un rasoio che rappresenta il nostro impulso di riparazione: di là vivere, di qua sopravvivere. La paura vincola la scelta. Non è vita quella fatta di semplice sopravvivenza, di un trascinarsi nel mondo in attesa della fine.

Rincorriamo una felicità che sfugge, scompare, perché non è uno stato permanente, non è una spilla da apporre sulla giacca come distintivo; la felicità è transitoria e mutabile, volatile come pulviscolo al vento: nient'altro che un singolo ed effimero attimo di appagamento dei sensi. Tendiamo a sentirci sempre incompleti, convinti di avvertire la mancanza di qualcosa. Qualcosa di non sempre definito e alle volte neppure troppo concreto o fondato. Allora finiamo per individuare un obiettivo vicino che ci permetta di rimanere nella comfort zone. Perché superare la nostra condizione e pensare a situazioni in cui bisogna correre un rischio significa renderci vulnerabili.

Tutti noi esprimiamo la sofferenza in maniera differente: qualcuno piange, qualcun altro urla, altri scelgono il silenzio, si rintanano nel buio dei loro pensieri, altri ancora fingono benessere. Non esiste una scala universale per misurare il dolore: l'intensità del male è qualcosa di individuale, dipende dalle esperienze e dalla personalità di ciascuno. Lo stesso problema può colpire in maniera totalmente distinta persone diverse o addirittura impattare sulla stessa persona in modo differente a seconda del periodo in cui si verifica. La percezione personale è molto più rilevante del fatto in sé.

La tecnica del *kintsukuroi* si propone di allenare la mente a visualizzare queste situazioni come sfide, per superarle e dare loro un'accezione positiva, rendendone più semplice la gestione: devono rappresentare un'opportunità di crescita e miglioramento, nuove vie di trasformazione.

Le modalità con cui affrontiamo i problemi condizionano molto le nostre probabilità di successo. Logicamente, avvicinarci a un problema credendo di esserne l'unica causa influirà sulla nostra mente e di conseguenza sulle nostre azioni.

La vera forza è data dalle prove che si pongono sul nostro cammino rendendolo impervio; la convivenza con tali avversità allena la capacità di reazione e ci rimette in sesto. Il dolore fa parte di questo gioco ed è soggettivo. Il vero ostacolo è imparare ad accettarlo.

Tra le prove cui accennavamo poco fa, le preoccupazioni devono rappresentare uno stimolo all'azione: spingendoci a trarre un insegnamento, un proposito utile. I sensi di colpa, al contempo, stimolano l'attivazione di un meccanismo di controllo che agisce sulla nostra psiche, inibendo in qualche modo il nostro intento di passare all'azione. Non lasciamoci abbattere dalle difficoltà. Anche se al verificarsi di fatti inspiegabili è naturale cercare una motivazione, dobbiamo tener presente che non tutto ciò che ci circonda può avere una spiegazione logica. Spesso il senso di sofferenza, violenza o tragedia che pensiamo di provare non hanno una risposta coerente ai nostri struggenti perché.

Nessuno merita le disgrazie: questo è un concetto da tenere bene a mente. Ma l'esistenza implica l'eventualità di soffrire. È frequente che siano le aspettative sulle quali fantastichiamo a far nascere il dolore emozionale e a influire sull'intensità dello stesso. La sofferenza non deve essere legata all'immaginazione del solo verificarsi di eventuali fatti negativi e talvolta anche altamente improbabili. Dovrebbe essere la realtà dei fatti a guidarci.

La realtà che tanto ci spaventa non è infatti mai come la immaginiamo: non ci troviamo di fronte al copione di un film in cui ogni scena è prestabilita. La raffigurazione mentale della realtà svia dalla sua concretezza, inibendoci. Ricalibrare costantemente tale visione consente di mantenere la giusta rotta sul cammino verso l'accettazione.

La nostra vita non è statica né immobile e il nostro obiettivo dovrebbe essere quello di viverla con passione, al pieno delle nostre potenzialità. Dovremmo porci scopi e rincorrere sogni e desideri, tenendo a mente che le ferite fanno parte del gioco e possono influenzarci più o meno profondamente, lasciando segni che ci caratterizzeranno nel corso di tutta la nostra esistenza. Rimarginandosi lasceranno cicatrici, marchi del loro passaggio che non devono costituire motivo di vergogna, ma anzi di grande orgoglio, per il solo fatto di essersi risanate. Le ferite non equivalgono a segni di debolezza, sono piuttosto medaglie al valore da sfoggiare con fierezza.

Così come piangere non è una debolezza, non mostra vulnerabilità. È un processo naturale. Le lacrime sono una valvola di sfogo spontanea assolutamente necessaria. Alle volte un bel pianto può essere ristoratore. Per equilibrare la sofferenza abbiamo però bisogno di momenti piacevoli: una passeggiata all'aria aperta o una cena fuori possono aiutare a riallineare i nostri pensieri.

A lungo andare il dolore penetra a fondo nei nostri tessuti, pregiudicando l'abilità di amare profondamente. Ecco perché è fondamentale imparare dagli errori per vivere una vita diversa, migliore, non limitata. Bisogna perdersi per ritrovarsi: smarriti nel buio dell'angoscia, trovare la luce ci darà nuova forza.

Il passato non deve rappresentare un peso, ma solo un lontano ricordo. Per nuotare nel mare di difficoltà senza lasciarsi trascinare a fondo bisogna tenere a mente un aspetto fondamentale: la sofferenza passiva non giova al processo di guarigione. Per stare a galla bisogna muoversi. Bastano dei movimenti impercettibili ma basilari per non affondare e non affogare nei drammi, nei dispiaceri, nel dolore e negli struggimenti.

Siamo fonti di energia, come una pila a dinamo che si riattiva e crea luce grazie al movimento muscolare che la innesca.

Il cambiamento, così come il dolore, è parte integrante e indissolubile della vita e più in generale dell'intero creato. Prima si assimila l'informazione, prima la vita cambierà colori, assumendo le sfumature che più apprezziamo.

Ma per poter innescare il processo di riparazione del nostro corpo bisogna innanzitutto comprendere le motivazioni che ci muovono. Per quale ragione ci alziamo dal letto la mattina? Cosa ci spinge a farlo? Nel corso delle nostre giornate, qual è l'elemento che ricerchiamo? Che cosa vogliamo davvero?

Come vedremo meglio più avanti, il termine giapponese che definisce la nostra ragione di vita è *ikigai*: esprime il senso dell'esistenza, l'indagine che ognuno di noi dovrebbe attuare sul proprio inconscio per scoprire quali sono i valori che lo fondano.

Raccogliere i cocci dell'anima e tentare di dare loro nuova forma offre l'opportunità di analizzare gli accadimenti nel loro complesso: i fatti, le emozioni, i pensieri. Ciò mette a disposizione un momento per studiare la presentazione mentale che si è associata all'evento traumatico.

In questo caso l'*ikigai* è costituito dalla motivazione personale che spinge a raccogliere i cocci: è il primo passo per evolvere.

Dobbiamo slegarci dal dolore, prendere spazio e permettere alla mente di liberarsi per iniziare il processo di riparazione. Eliminare i limiti dati dalle convinzioni. Un vaso aggiustato mostra tanto la fragilità quanto la forza di resistere. In ciò si cela la vera bellezza.

Per fare un esempio concreto relativo all'immagine che abbiamo di noi stessi, guardandoci allo specchio solitamente notiamo solo i difetti, le cicatrici deturpano l'immagine che ci siamo creati nella mente, una raffigurazione irreale, quasi un'illusione. Lo sguardo che ci riserviamo è spesso triste, imbronciato, anche stizzito da tante imperfezioni. Se però superiamo l'impulso di giudicarci e criticarci, l'approccio sarà più rilassato, favorito dalla minore pressione. Imparando a guardare oltre le imperfezioni giungeremo all'autoconsapevolezza: le risposte ai nostri perché avranno maggiore senso, fornendoci insegnamenti proficui. Quello che apprenderemo diventerà parte imprescindibile della nostra vita.

Il cammino verso l'autoconsapevolezza è intricato: il lungo tempo necessario alla guarigione non deve influenzare la nostra positività. Rassegnarsi all'impotenza è deleterio.

Per raggiungere la meta è essenziale focalizzare il proprio obiettivo a breve e a lungo termine, indirizzando al meglio le energie. L'ottimismo aiuterà a dare nuova luce al mondo in cui viviamo, tutto assumerà una veste placida e il peso delle preoccupazioni diverrà sempre più lieve.

Imparare a gestire le energie e le emozioni è fondamentale. Poi dovremo solo rimboccarci le maniche e passare all'azione.

Il momento di agire è il più complicato e delicato: frenati dalla paura che ci tiene inchiodati alla nostra posizione, dobbiamo trovare la forza di rialzarci e fare il primo passo. Una volta appoggiato il piede a terra, proseguire con quello successivo sarà un gioco da ragazzi.

Aprire gli occhi per rinascere

Ciò che è importante comprendere è che la nostra vita non assumerà mai la forma che desideriamo darle, perché non potremo realizzare ogni singolo desiderio. Ma non per questo le emozioni negative devono rappresentare un impedimento, anzi, devono essere fonte di energia costruttiva.

Può accadere di essere sopraffatti da emozioni talmente intense da indurci in confusione. In tal caso possiamo staccarci dai nostri problemi per rimetterli a fuoco in seguito, a mente più fresca, per evitare di esaurire le energie. La soluzione migliore è quella di sfruttare il tempo che passa: una pausa, un ambiente diverso, la vicinanza di persone che possano capire e rispettare il dolore che proviamo. A poco a poco la mente riprenderà il controllo, tornando alla normalità. Solo allora si potrà prendere atto di ciò che è successo per affrontare i cambiamenti e le implicazioni che si riverseranno nella nostra vita.

La fiducia in se stessi deve essere costruita un mattone alla volta, in un'operazione che necessita di calma e affidamento sulle proprie abilità. Prendersi del tempo per prosperare e ricostruirsi è la soluzione più giusta. Investire sulla propria persona, sul proprio valore, deve essere la priorità di ciascuno.

Tutti i cocci che riusciremo a riunire sono volti a raggiungere un miglioramento dello spirito, ma anche del corpo. Il proposito è quello di diventare la migliore versione possibile di noi stessi, dandoci nuove opportunità di crescere.

E chissà che alla fine del percorso, una volta superato il traguardo e osservando il riflesso che ci fissa nello specchio, non ci sia possibile notare un sorriso sereno stampato sul nostro viso, e negli occhi la luce brillante della consapevolezza che deriva dall'aver messo a posto le cose.

Una volta raggiunto il nostro obiettivo, anche aiutare il prossimo ci renderà nuova luce. Tutti meritano infatti di prendere consapevolezza di sé, di iniziare un percorso che porti alla serenità. Agli occhi di chi si trova in difficoltà, la nostra testimonianza sarà fondamentale per superare i problemi.

Secondo Toshio il cuore spezzato che si affida all'arte del *kintsukuroi* diventa più forte. Così come le porcellane vengono recuperate dalla toppa d'oro, anche i nostri cuori possono essere ricostruiti, e il nostro spirito ritemprato.

L'unione tra la pratica tradizionale giapponese del *kintsukuroi* e gli ideali della filosofia zen dà vita a un modo nuovo, totalmente diverso, di guardare gli oggetti che ci circondano – così come noi stessi –, rispettandone le fragilità, le cicatrici, i segni del tempo.

Siamo il risultato delle cadute e degli ostacoli che abbiamo superato lungo il nostro personale sentiero: creature preziose e consapevoli delle nostre unicità.

6

忍耐
Nintai:

scrivo pazienza, leggo perseveranza

忍耐
Nintai

Scrivo pazienza, leggo perseveranza

Fushimi Inari-Taisha
34°58′02″N 135°46′22″E

Se esiste un luogo a Kyoto di cui quasi chiunque ha visto almeno una foto, quello è di certo il Fushimi Inari-Taisha: il santuario maggiore del culto di Inari, dio del riso e quindi del denaro e della prosperità.

La maggior parte dei giardini di Kyoto di norma ha un punto fisso – spesso la veranda – da cui guardare i templi. Ma il Fushimi Inari-Taisha non è un singolo spazio da osservare da un'unica angolatura; è un'esperienza da attraversare, come un sogno.

All'ingresso c'è un gigantesco portale *torii* rosso vermiglio, oltre a un palcoscenico all'aperto e a una sala principale davanti alla quale sostano due grandi statue di volpi: una ha la bocca aperta e l'altra tiene una chiave tra i denti.

Dietro la sala principale c'è una successione di decine di *torii* rossi, così vicini l'uno all'altro nel loro allineamento da formare un tunnel. È quello che tutti hanno visto: dal vivo, in fotografia oppure al cinema, per esempio in *Memorie di una geisha*. Alcuni visitatori attraversano a passo svelto questa fila di portali e poi tornano a casa un po' delusi. Se reagiscono in questo modo, è perché hanno voltato le spalle all'ingresso del mondo dei sogni.

Continuando a camminare verso l'alto, dopo la prima serie di *torii*, troverete un'altra fila di portali rossi molto più grandi dei primi. E poi ancora una, e un'altra ancora. Una vera e propria processione di centinaia, forse migliaia di *torii* che si insinuano nella montagna, sempre più in profondità. Ci si inerpica su montagnole e si scende tra piccole valli penetrando sempre più a fondo nella collina boscosa. Ovunque vaghi lo sguardo, non si vedono che file di *torii* vermiglio incastrati in una verde foresta. E solo passeggiando per ore sotto i *torii* e in mezzo agli altari di pietra, con perseveranza, con *nintai*, fino quasi a perdere il senso dell'orientamento, si può cogliere il significato spirituale di questo santuario unico al mondo.

Vincere a piccoli passi

È proprio parlando del *nintai* che Toshio mi racconta un particolare retroscena di uno dei suoi film preferiti: *Io e Annie*.

Da grande cinefilo e appassionato dei film del noto regista statunitense, il mio amico riporta le parole di Woody Allen e Marshall Brickman – coautori del film insignito di numerosi Oscar che li consacrò al mondo del cinema –, quando vennero intervistati da Susan Braudy, che poi scrisse un pezzo per il *New York Times*. Il cognome di Marshall comparve sulla carta stampata accanto alla seguente frase: «Ho imparato una cosa.

Come dice Woody, la vita è per l'80 per cento mostrarsi. A volte è più facile nascondersi sotto le coperte. Io ho fatto entrambe le cose»[1].

Secondo Toshio, dunque, quella frase emblematica («La vita è per l'80 per cento mostrarsi») significa insistere nei propri propositi, con determinazione e perseveranza, a piccoli passi, senza lasciarsi scalfire dalla paura del risultato. Eccolo, il concetto alla base del *nintai*.

Ma mettiamo da parte per un attimo Woody Allen e applichiamo questo principio alla vita di tutti i giorni: ecco che allora uscire di casa, prepararsi, levarsi di dosso la fatica dell'immobilità – in una parola "esserci" – non sembrerebbe un compito difficile da assolvere, eppure a tanti costa fatica: è l'ostacolo più grande, lo assicurano due che di successi se ne intendono. Negli anni le parole di Allen e Brickman hanno fatto il giro del mondo, sono passate di bocca in bocca e hanno cambiato forma. Una delle versioni rivisitate che mi piace di più è la seguente: «Vincere è per l'80 per cento mostrarsi»[2]. Perché è un concetto, quello dei due registi, che può essere applicato a qualsiasi sfida: il primo passo è cominciare, del resto ce ne occuperemo poi.

E lo stesso vale anche pensando al mio lavoro: ognuno riesce a fare ordine in casa propria, spesso si è solo troppo pigri per decidersi a iniziare. Una volta compiu-

1 «I have learned one thing. As Woody says, 'Showing up is 80 percent of life.' Sometimes it's easier to hide home in bed. I've done both».

2 «80 percent of winning is showing up».

to il primo grande passo, basta un piccolo sforzo e un po' di costanza per mantenere quotidianamente l'ordine; è importante fare in modo che diventi un'abitudine consolidata, come quando ci laviamo i denti o ci facciamo la doccia. Impariamo a pensarlo come un istante per noi, per sentirci bene con noi stessi, come una coccola.

Ogni giorno ricordiamoci di ritagliare un momento fondamentale per ottenere ciò che vogliamo, vale a dire essere appagati e soddisfatti dello spazio in cui viviamo. Nel nostro caso ciò significa vincere – per strizzare l'occhio a Woody Allen e Marshall Brickman. E allora è necessario costruire la nostra vittoria giorno dopo giorno, un mattoncino alla volta.

Se infatti non riordiniamo con regolarità, il caos non farà altro che accumularsi tutt'intorno, fino a riempire tutto il nostro spazio – la camera da letto, la cucina, il salotto – e diventerà certamente più difficoltoso ritrovare la condizione di equilibrio ideale, quella più giusta per noi e che a fatica abbiamo raggiunto, oltre che la motivazione a perseguire la nostra personalissima vittoria nella battaglia contro il disordine. Bisogna quindi avere pazienza, esercitarsi alla perseveranza e non arrendersi mai.

È una condizione non sufficiente ma necessaria. Imprescindibile per vincere.

La perseveranza è un talento naturale

Alcuni sostengono di non avere possibilità di diventare bravi in qualcosa perché sono nati senza le "giuste doti". Non credo che si possa fare affidamento sulle "giuste doti", su ciò che la natura ci ha donato alla nascita, né credo esista qualcuno con un vantaggio particolarmente rilevante in qualcosa. Certo, non posso negare che alcuni abbiano gambe più lunghe di altri e quindi più utili alla corsa, oppure che siano cresciuti in una casa con librerie più grandi e quindi maggiori possibilità di accesso a una vasta cultura, ma mi rifiuto di pensare che queste cose possano condizionare in modo significativo la buona o cattiva riuscita di un obiettivo, corsa o cultura che sia.

Per non parlare della storia del talento naturale. Del destino che tocca i nuovi nati investendoli del genio necessario a risolvere un'equazione, a chiudere una trattativa difficile, a eseguire una coreografia. Chi crede al talento naturale pensa che coloro che hanno successo, e quindi ne sono dotati, non facciano fatica a riuscire in quello che fanno, ma che anzi lavorino con facilità, senza troppi sforzi e godendosi ogni singolo traguardo. Ecco, è un discorso per me totalmente senza senso, oltre che radicalmente sbagliato, condotto da coloro che, avendo fatto della pigrizia uno stile di vita, devono giustificarsi e assolversi di fronte alla propria insoddisfazione. È più facile dire: «Non riesco a fare quella cosa allo stesso modo di Luca, d'altronde lui ha dei superpoteri», piuttosto che: «Non riesco a fare perfettamente quella cosa perché non ci ho lavorato tanto quanto Luca, che invece sembra avere dei superpoteri». Chi la pensa così rimane spesso intrappolato in una mediocrità che gli fa sprecare tempo e ammirare solo da lontano il traguardo a cui non arriverà mai.

Coloro che hanno successo lavorano tutti i giorni, come dicevamo, si allenano per quel successo e fanno fatica. Molta fatica. Ce la mettono tutta. Woody Allen e Marshall Brickman – oppure i miei stessi clienti di fronte a una libreria in disordine o a una cucina sottosopra – si presentano davanti al loro obiettivo armati di pazienza e di umiltà e cominciano a lavorare cercando di fronteggiare la paura di fallire.

Perché sì, la paura di fallire ce l'abbiamo tutti e tutti dobbiamo farci i conti. Perché sì, chiunque cominci qualcosa per la prima volta fallisce. È certo, matematico. Fallisce e lo farà più e più volte. Si farà malissimo e dovrà rialzarsi. Poi dovrà riprovare dieci, venti, cinquanta volte, come insegna il *nintai*, sopportando in aggiunta anche il dolore delle cadute precedenti.

Qualcuno ha detto che la vita risiede nelle parentesi tra un fallimento e l'altro. Per me invece sta tutta nel momento esatto in cui ci si arma di pazienza e di umiltà e ci si costringe a osservare l'obiettivo con lentezza. Quel momento in cui si sta per cominciare qualcosa di nuovo e si è completamente disarmati, fragili, eppure determinati, solidi, perché ci si è liberati della frenesia e si vuole lavorare con calma, piano e bene. Il fallimento e il successo sono solo il risultato del nostro esercizio alla vita, sono i due lati della stessa medaglia, due opzioni di cui tenere conto.

Nessuna magia, nessun supereroe né superpotere: semplicemente, prima e più ci alleniamo, maggiori saranno le possibilità di riuscire bene. Quindi muoviamoci. Prepariamoci e mostriamoci.

Un grande problema con le persone adulte è il seguente: si aggrappano alla loro dignità come un bambino ai suoi giocattoli. Alcune pensano che chiunque si aspetti di trovarle brave al primo colpo, senza che venga loro permesso di mostrare ignoranza o confusione. Dimentichiamoci questo genere di ragionamenti. Lasciamo andare l'orgoglio: se non abbiamo mai fatto una cosa, non sarà facile farla per la prima volta. Anzi, saremo scarsi, per non dire che faremo schifo, proprio come un bambino di pochi mesi è scarso a parlare, camminare, mangiare in autonomia. Va bene così, è così che funziona. Ai bambini piace provare a parlare, camminare, mangiare da soli, lo trovano divertente, non fanno fatica a sopportarlo. Sbagliano in continuazione. E infatti a sbagliare sono molto più "adulti", molto più bravi di noi.

Fallire è semplicemente l'inizio della via per la grandezza. Quindi smettiamola di lamentarci e cominciamo a mostrarci, a fallire e a imparare a sopportarlo. In casa, di fronte a un armadio traboccante di disordine, oppure davanti a una pagina bianca o a quella mail che non abbiamo mai avuto il coraggio di inviare.

Facciamolo. E continuiamo a farlo. Saremo più vicini all'obiettivo.

Quella spada conficcata nel cuore

Allenarsi regolarmente alla disciplina nella quale vorremmo eccellere, mettercela tutta, lavorare con lentezza, piano e bene e sopportare il fallimento sono sfumature di un concetto che nel paese del Sol Levante è riassunto nella parola *nintai*.

Mentre passeggio per il santuario in compagnia di Toshio, parliamo di quanto sia importante la perseveranza nella vita. È lui che mi spiega che il concetto di *nintai* deriva da *nin*, "nascondere" (il *nin* di *ninja*, "colui che si nasconde"), e *tai*, "sopportare", "perdurare", "resistere". *Nintai* indica la capacità di attendere in silenzio i frutti del proprio lavoro, senza cedere alle difficoltà e all'ansia del tempo. In ultimo, e in sintesi, significa "perseveranza" e "pazienza".

Alla parola è dedicato un *kanji* (fig. 1), ossia, per capirci, un simbolo o ideogramma giapponese, anche se questo genere di terminologia farebbe indignare qualunque autoctono. Chi pratica o ha praticato karate o *kobudo* in Giappone o nell'isola di Okinawa può averne visto uno in qualche *dojo* – il luogo in cui si svolgono gli allenamenti di queste discipline –, ma la loro suggestiva storia va oltre i confini sportivi e affonda le proprie radici nella cultura e nella filosofia nipponiche.

Fig. 1

Prima di raccontarla, però, Toshio si sofferma su una breve spiegazione riguardo il loro funzionamento. È noto, almeno in teoria, che gli ideogrammi giapponesi siano a loro volta il risultato della somma di altri ideogrammi, in un processo di stratificazione di significati ricchissimo e molto affascinante. Per esempio, se prendiamo il simbolo che sta per "bocca" e vi mettiamo accanto quello che sta per "albero", allora avremo scritto "albicocca"; allo stesso modo, se accostiamo il simbolo che significa "piccolo" a quello che significa "pietra", allora avremo scritto "sabbia".

Ciò che voglio fare ora è provare a scomporre *nintai*, "pazienza", "perseveranza", per osservare da cosa sia composto e come i significati originari si siano mescolati per dar vita a un'accezione tanto complessa.

Fig. 2

Il primo simbolo (fig. 2), quando ricorre da solo, si pronuncia *yaiba* e significa "lama". Come quella di un coltello o di una spada.

Fig. 3

Il secondo (fig. 3) si pronuncia *kokoro* e significa "cuore" o "spirito".

Ecco allora che, per la filosofia giapponese, la pazienza e la perseveranza hanno a che fare con una lama e un cuore. La domanda è: come? Cosa c'entrano? Come possono combinarsi a formare un concetto così complesso? Qual è il ragionamento che li lega?

Eccolo, spiega Toshio: «Dobbiamo resistere, anche se dovessimo avere una lama conficcata nel cuore. Andiamo avanti fino alla fine. Neppure un coltello deve poterci fermare». Sta andando in onda il nostro programma preferito? Il nostro idolo ha avviato una diretta Instagram? Spegniamo tutto e andiamo ad allenarci. Per quelli ci sarà una replica, una seconda possibilità o un secondo tempo. Per noi un secondo tempo non esiste, perché il nostro tempo è adesso.

Nintai significa aderire alla linea di condotta che ci siamo prefissati, al nostro credo o al percorso che ci siamo scelti. Senza cedere, senza fermarci. Non a caso in Giappone gli studenti scrivono la parola *nintai* su alcuni post-it che poi si attaccano in fronte ogniqualvolta si trovano, a testa bassa sui libri, a studiare per superare i micidiali esami delle loro scuole.

***Nintai* è semplice, *nintai* è complesso**

Nintai, forza.

Nintai, impegno.

Infatti *nintai* è soprattutto *gambaru*, letteralmente "impegnarsi", "dare il meglio di sé", "sforzarsi", ma anche "lavorare tenacemente in tempi difficili", ovvero fare del proprio meglio o più, consacrarsi a un obiettivo e raggiungerlo nel migliore dei modi. *Nintai* sono io, siamo noi. Tra tenacia e duro lavoro, perché dinanzi a una prova è il verbo *gambaru* a calibrare l'impegno con l'attesa. Lo sforzo è al centro di tutto e, grande o piccolo che sia, conferisce valore a chiunque lo produca, a tutti coloro che si impegnano nel dare il proprio contributo. Scriveva Okakura Tenshin: «Secondo lo zen, nel sistema di rapporti tra le cose non esiste differenza fra grande e piccolo; un atomo ha in sé le stesse possibilità dell'universo». In qualunque ambito, dallo studio al lavoro, al di là del risultato ottenuto, è fondamentale mostrare *yaruki*, l'impegno, la voglia di fare: se c'è *yaruki*, il risultato sarà tra i migliori.

Nintai è poi *yukkuri*, aggiunge Toshio, ossia "nascondere la fatica", "tollerare in silenzio le difficoltà", "resistere all'ansia del tempo e aspettare". Le cose di valore difficilmente si ottengono d'un tratto. Il lavoro che sogniamo arriva dopo anni di studio intenso e di gavetta, l'amore giunge spesso preceduto da una o più delusioni cocenti o da una grande confusione, l'integrazione in un paese dopo anni di tentativi, un rapporto sereno con i propri cari dopo centinaia di discussioni naufragate in pesanti incomprensioni. Per accedere a un titolo di studio, a un buon posto di lavoro, a una pubblicazione, persino a un'amicizia, ci vuole qualcosa di più dell'improvvisazione e della fortuna: ci vuole resistenza, cugina più grande e più esperta della perseveranza. Dobbiamo allenarci alla *yukkuri*, magari anche dimenticandoci provvisoriamente dell'immenso obiettivo che ci siamo prefissati e tenendoci le mani occupate con progetti più piccoli, con tasselli apparentemente futili ma che nel quadro generale creano sfumature, lavorano sui dettagli e riempiono i buchi. L'occasione arriva solo a colui che è ben preparato.

E *nintai* è poi *gaman*, "sopportare". Per i giapponesi è qui che si concentra il fulcro di una persona, nella sua capacità di far fronte all'esistenza, di rialzarsi dopo qualsiasi delusione – di tempo, di spazio, di persona. Trattenersi, frenarsi e non esibire il proprio fastidio. Sopportare gli schiaffi, reali e figurati, provenienti dagli altri o da noi stessi, perché la vita ne ha in serbo per ognuno in gran quantità. Non serve porre enfasi sullo sfogo, sul rilasciare la tensione, come insegna l'Occidente; far sfiatare le sensazioni negative che albergano in noi non è tanto un'occasione per liberarsi, quanto piuttosto un mero espediente per enfatizzare la tossicità, che in fondo non risolve proprio nulla. Per i giapponesi certe questioni possono essere affrontate solo dopo averle metabolizzate: il nostro tempo interno è chiarificatore e porta alla stabilità dell'animo.

Infine *nintai* è *enryo*, ovvero "avere riserbo, riservatezza, pudore e discrezione". Questo è un termine ricorrente quando si intima a qualcuno di comportarsi in maniera corretta in pubblico, ribadendo per esempio l'imperativo di non fumare in determinati ambienti, non consumare vivande in alcuni edifici, astenersi dal conversare durante la proiezione di un film… Nella sua forma negativa questo verbo serve a far sentire l'altro in una condizione favorevole, rilassata, a pregarlo di non fare complimenti, di accomodarsi e di non trattenersi dal fare qualcosa per pudore o per la preoccupazione di arrecare fastidio: *enryo naku* significa infatti "senza fare complimenti", "non esiti a", "non si preoccupi di". Insomma, cercare di non turbare l'altro per mantenere *wa*, "armonia".

In sintesi, *nintai* è questo: fare tutto quello che è in nostro potere e poi attendere la decisione del cielo, come recita un famoso proverbio giapponese.

7

いただきます
Itadakimasu

Bontà e felicità nascono dalla gratitudine

いただきます
Itadakimasu

Bontà e felicità nascono dalla gratitudine

Nishiki-koji
35°00′18″N 135°45′53.7″E

Io e Toshio siamo a spasso per il Nishiki-koji, lo storico mercato più grande di Kyoto, e l'occhio mi cade su una bancarella che vende carne *wagyu*. Chiedo al mio amico, che sa tutto del *washoku*, la famosa cucina tradizionale giapponese, perché il manzo di Kobe sia così speciale.

«Allevano le mucche con dolcezza, le spazzolano gentilmente e danno loro da bere birra. Bevono anche 700 millilitri – una o due bottiglie – di birra al giorno.»

Mucche alcoliche! Quindi è da lì che prendono quelle pance da birra. «Molto tempo fa bevevano *sake*» aggiunge.

Come suona tradizionale, penso. Anche troppo. E nella mia testa immagino mucche di Kobe barcollare ebbre sotto i fiori di ciliegio.

«Le mucche non si muovono, quindi ingrassano» insiste. «E vengono massaggiate ogni giorno.»

Temo che adesso parlerà anche di shiatsu o di qualcuno che le protegge dagli insetti, oppure che possa aggiungere aneddoti alla mitologia che circonda queste bestie. E invece chiede al venditore di prepararcene due fettine sulla *robata*.

«*Itadakimasu*» lo ringrazia. Ricevo (con gratitudine) questo cibo.

Assaggio e capisco.

Perché l'aneddotica può essere divertente, ma la realtà mi si scioglie in bocca. E non può che invitare alla gratitudine, a voler comprendere appieno il lavoro che si nasconde dietro a quel singolo boccone. E la verità è che esistono standard rigidissimi per l'allevamento di *wagyu*, sebbene da nessuna parte si faccia menzione di mucche ubriache o in estasi.

Alcuni allevatori massaggiano le proprie vacche perché in Giappone i terreni agricoli scarseggiano e il bestiame non può muoversi liberamente come dovrebbe. Altri ne massaggiano i muscoli durante l'inverno, quando sono inclini ai crampi per il freddo. E non lo fanno per altruismo, ma semplicemente per il fatto che mucche non irrigidite hanno carni più tenere. E la birra? Non è nel disciplinare, anche se alcuni agricoltori sono soliti aggiungerne un po' all'acqua per aumentare l'appetito degli animali e quindi i loro livelli di grasso.

Osservare la natura per imparare la resilienza

Il galateo giapponese, mutuato da un'antichissima tradizione, prevede un'ampia rosa di vocaboli che non solo descrivono l'intera gestualità legata all'alimentazione e alla preparazione delle vivande, ma tramandano una vera e propria scala di valori correlati al benessere e alla gratitudine dell'uomo verso la natura. Insomma, è nella natura che possiamo rintracciare le diverse sfaccettature psicologiche e del carattere, mi spiega Toshio.

Non a caso un vocabolo che potrebbe rappresentare al meglio la crescita fisica e caratteriale è *hanasaki*, letteralmente "fiore che sboccia", parola che indica un miglioramento nell'intera esistenza dell'essere umano, al fine di perfezionare la propria realtà per vivere più a lungo.

Come avrete già capito, la natura per i giapponesi è fondamentale e funge da ispirazione continua. Inoltre nella loro tradizione è presente la consuetudine di trascorrere tempo all'aria aperta e di concedersi lunghi bagni caldi in luoghi termali, per rilassare corpo e anima ma soprattutto per ritrovare l'antichissimo e primordiale vincolo che unisce l'uomo alla natura. A questo scopo sono moltissime le pratiche tramandate di generazione in generazione, secolo dopo secolo. Toshio mi racconta che è convinzione ormai radicata nello spirito degli abitanti dell'isola nipponica che l'uomo possa riuscire a vivere in pace con se stesso e a trarre beneficio dalla diversità multiforme della realtà, solo nella misura in cui riesca a comprendere di essere parte di un ecosistema, di cui non è il padrone ma un semplice abitante di passaggio.

La salvaguardia e il profondo rispetto dell'armonia della natura, quindi, sono due degli elementi cardine della filosofia giapponese. Ma è con lo shintoismo che la connessione tra uomo e natura diventa qualcosa di più concreto, attraverso alcune pratiche che prendono le mosse proprio da questa religione. La concezione della natura come entità divina e salvifica si rispecchia anche nelle pratiche dello *shinrin-yoku*, l'arte del "bagno nella foresta", che tratteremo in seguito, e nell'architettura tradizionale, conosciuta con il nome *nihon kenchiku*, in base alla quale in passato le abitazioni erano posizionate in piena armonia con le caratteristiche del territorio e per la realizzazione dell'arredamento era prescritto l'utilizzo di soli materiali ecosostenibili.

Toshio è decisamente un mago nello spiegarmi come queste pratiche siano infine diventate insegnamenti preziosi, a testimoniare che l'uomo non solo è in grado di trarre dalla natura un beneficio a livello di sfruttamento pratico, ma può anche imparare a maturare strategie psicologiche per affrontare gli squilibri e le sfide della vita, mediante un'attenta osservazione dell'ambiente e della sua strenua capacità di adattamento e sopravvivenza di fronte a qualsiasi avversità e pressione.

Vivere la cucina con armonia

È di nuovo Toshio a riprendere il discorso, affermando che nella stessa direzione si è sviluppata anche la tradizione culinaria giapponese, chiamata *washoku*, parola composta da due *kanji*: il primo, *wa*, significa "armonia" e "Giappone"; il secondo, *shoku*, sta a indicare "cibo". Il *washoku* affonda le proprie radici in un approccio che non solo è profondamente rispettoso della materia prima, ma prevede anche principi mirati all'acquisizione di un regime alimentare sano e bilanciato, senza tralasciare la socialità e la spiritualità connesse all'alimentazione.

Hara hachi bu, letteralmente "pancia all'80 per cento", è un detto popolare che suggerisce di non mangiare fino alla piena sazietà, ma di mantenere sempre il corpo non appesantito da un consumo eccessivo di cibo. Questo è uno dei pilastri fondamentali per vivere in salute. Un po' come accade in casa: è importante infatti che nello spazio in cui viviamo non si accumulino troppi oggetti e il segreto per riuscirci è imparare ad apprezzare le cose che abbiamo. A uno sguardo poco esperto, tale consuetudine potrebbe essere accostata a un principio di un'altra cultura orientale, che ho avuto modo di conoscere da vicino durante i miei viaggi in Oriente: quella cinese. Anche in questo paese il mangiare senza misura è sinonimo di cattiva educazione. Infatti il galateo cinese prevede che avanzi sempre qualcosa nel piatto dopo il pasto, proprio per indicare di non aver ecceduto con il cibo. La differenza sta nel fatto che, mentre in Cina si omaggia il commensale con portate ricche e abbondanti, al contrario in Giappone si preferisce servire porzioni contenute, in stoviglie di piccole dimensioni, dal momento che non è ben visto lasciare avanzi nel piatto. I giapponesi sono infatti soliti esclamare "*mottainai!*", un termine di derivazione buddista che sottolinea il dispiacere suscitato dallo spreco di cibo.

Conoscendo la precisione e l'ordine dei giapponesi, la mia mente torna con entusiasmo e meraviglia alle piccole stoviglie allineate sui tavoli, alle ciotoline per la salsa di soia impilate una sull'altra prima di essere disposte con cura sulle tovaglie di lino bianco, alle ceramiche decorate con minuscoli e delicati *sakura* dalle tonalità pastello, ai servizi da tè dipinti a mano con le accese fantasie dei tradizionali *kimono*, ai cucchiaini perfettamente lucidati, ai raffinati bicchieri per il *sake*, alle coppette in legno per la zuppa di *miso*. E scommetto che di fronte alla graziosità delle porcellane, dei piatti, delle teiere, non deve essere difficile neanche per voi immaginare di provare pietanze così gustose come quelle della cucina nipponica.

Praticare la gratitudine a tavola

Il *washoku*, quindi – dal momento che include sotto la sua insegna tutto il processo che riguarda la produzione, la scelta, la preparazione e la valorizzazione delle materie prime e il consumo delle vivande –, è un'arte e insieme una scienza, che pone al centro della propria ricerca l'alimentazione come principio cardine per vivere in salute.

Oltre alla cura nella scelta degli alimenti vegetali e animali, la tradizione culinaria giapponese indica anche tutti gli aspetti spirituali e sociali legati all'alimentazione, tramandando inoltre un preciso codice di comportamento per tutto ciò che riguarda la scelta, le tecniche di preparazione, l'esaltazione dei cibi, l'impiattamento secondo la disposizione armoniosa di forme, consistenze e colori delle vivande, e infine il consumo della portata. La stessa *mise en place* e le stoviglie utilizzate durante il servizio sono fortemente influenzate dal tipo di cibo proposto e dalla stagionalità degli ingredienti, seguendo precisi canoni nell'accostamento dei colori, delle forme e dei materiali di posate, piatti e ciotole. Nel periodo primaverile, per esempio, si preferiranno stoviglie di ceramica molto sottile, dipinta a ricordare i fiori di ciliegio; invece con l'arrivo delle giornate più fresche, quando l'aria settembrina riempie le narici, saranno i piatti dalle tonalità calde e autunnali delle foglie di acero a sottolineare le caratteristiche naturali della stagione.

Già a un primo sguardo risulta evidente come l'insieme delle pratiche tradizionali della cucina e dell'accoglienza giapponese siano fortemente mirate all'attenta disposizione degli elementi che costituiscono il pasto e che comprendono non solo l'alimento in sé, che deve essere sempre di prima qualità e conforme alla stagionalità, ma anche tutto ciò che è utile al servizio e alla presentazione delle vivande. Insomma, come dice il mio amico Toshio, che sa tutto sulla cultura giapponese, l'estrema cura e le tecniche per la creazione di piatti armoniosi e bilanciati sono state trasmesse da un'antichissima tradizione secolare che ha percorso tutta la storia del Giappone, e pertanto sono saldamente radicate nel territorio, costituendo un forte elemento di coesione sociale e di identificazione del popolo nipponico. Non è un caso infatti che nel 2013 l'Unesco abbia inserito il *washoku* nella lista dei patrimoni orali immateriali dell'umanità, sancendo a livello internazionale l'inestimabile valore culturale e antropologico della cucina tradizionale giapponese.

Un aspetto legato alla cultura enogastronomica che merita di essere preso in considerazione è il fatto che le molteplici regole del galateo giapponese, che da una parte indicano tutti precetti coinvolti nella preparazione, nella scelta e nel servizio dei piatti e nelle maniere da adottare durante il pasto, dall'altra prevedono un fitto lessico, che porta con sé alcuni tra i più importanti insegnamenti spirituali e filosofici della cultura nipponica.

Il termine del galateo che viene usato dalla maggioranza dei giapponesi e che viene insegnato fin dalla giovane età è *itadakimasu*, letteralmente "sto per ricevere", un'espressione che si pronuncia quando viene servita una pietanza da mangiare. Il suo significato è stato a lungo accostato all'italiano "buon appetito", sebbene sia una resa decisamente scorretta, dal momento che tale traduzione appiattisce e in qualche modo snatura completamente il significato intrinseco della parola, oltre a non coglierne il profondo senso culturale. Infatti, se "buon appetito" è un augurio che si rivolge educatamente ai commensali, al contrario *itadakimasu*, nella traduzione "con immensa gratitudine ricevo quel che sto per mangiare", non indica un ringraziamento o un buon augurio del commensale verso gli altri presenti a tavola, ma piuttosto è un gesto di profondo rispetto e devozione nei confronti della pietanza stessa e di chi l'ha preparata. In altri termini, mi spiega Toshio, è una formula che non porta al suo interno unicamente un significato di cortesia, ma un senso più profondo e ancestrale.

Per capire meglio, può essere utile un'altra trasposizione per *itadakimasu*, ovvero "sto per avere l'onore di ricevere", il cui significato si riflette anche nella devota gestualità del rito, che prevede un inchino del capo davanti alla portata, dopo aver unito i palmi delle mani in segno di preghiera. L'espressione, che deriva dall'intuizione che vivere sia un costante ricevere doni dalla terra, può essere utilizzata sia durante un pasto solitario sia durante un momento conviviale in compagnia e rappresenta un modo per ringraziare e mostrare devozione e umiltà nei confronti del pasto, preparato e reso commestibile in seguito allo sfruttamento della materia prima. Il senso di profonda gratitudine non è direzionato unicamente verso alimenti costosi e vivande pregiate, al contrario, non è raro trovare giapponesi che con umiltà pronunciano "*itadakimasu*" davanti al vassoio di una catena di fast food.

Questo comportamento virtuoso risulta comprensibile assumendo il punto di vista della concezione spirituale e filosofica del paese del Sol Levante, più precisamente quella animista shintoista, nella quale animali e piante sono depositari di energia divina e vitale. Toshio mi fa anche notare che l'usanza di ringraziare Dio o le divinità prima di mangiare non è però una consuetudine unicamente giapponese: diverse cerimonie religiose più o meno primitive che attraversano il mondo da Oriente a Occidente sono accomunate da pratiche e riti devozionali nei confronti degli alimenti e del cibo. Alcuni esempi possono essere suggeriti dal cristianesimo, nel quale i fedeli recitano preghiere di ringraziamento a Dio per il pasto, e dalla religione induista, che nel breve rituale del *pooja* prevede che i credenti pronuncino una serie di formule per ringraziare e glorificare la divinità per tutto ciò che ha creato, tra cui gli alimenti.

Nella cultura giapponese, benché gli intenti non siano poi così diversi, l'usanza di ringraziare e di inchinarsi davanti al cibo deriva dalla consapevolezza che per la realizzazione di un piatto è stata sacrificata una vita, animata o inanimata che sia, per permettere alla catena alimentare di proseguire e di conseguenza dare la possibilità all'uomo di vivere cibandosi. Quindi, una volta a tavola davanti a un piatto invitante, i commensali sono chiamati a ringraziare tutti gli esseri viventi per essersi immolati per permettere la sopravvivenza dell'uomo: un sacrificio che sicuramente merita devozione e umiltà.

Un'altra caratteristica interessante correlata alla parola *itadakimasu* riguarda il fatto che il forte senso di gratitudine e rispetto che vuole essere trasmesso dal commensale non è circoscritto ai doni della natura, depositaria dello spirito divino, ma si estende anche a chi ha coltivato il terreno, allevato gli animali e preparato il piatto. Il ringraziamento dunque è rivolto anche a chi, tramite il sudore e la fatica, ha plasmato con onore la materia naturale, elevandola e conferendole armonia e gusto. Allo stesso modo, una volta terminato il pasto, i commensali sono invitatati a ringraziare e a sottolineare verbalmente il loro gradimento pronunciando la parola *gochisousama*, vale a dire "grazie per il cibo". Sebbene questo termine sia particolarmente adatto per le situazioni formali, come cene in ristoranti o quando si è ospiti da amici e parenti, non manca chi lo usa anche in situazioni più informali o durante un pasto da solo. In ogni caso, spesso e volentieri non pronunciare le formule *itadakimasu* e *gochisousama* è considerato un grave atto di maleducazione e di arroganza, dal momento che viene implicitamente negato uno dei principi fondamentali della cultura filosofica e spirituale giapponese, ovvero il riconoscimento della forza vitale e dell'energia racchiuse nella natura.

A questo punto, tra tutte le parole comprese nel lessico culinario giapponese, di sicuro uno dei vocaboli più pregnanti e carichi di significato è proprio *itadakimasu*, poiché con una semplice formula è in grado di racchiudere e sottolineare tutti i principi cardine della spiritualità religiosa di questo paese. Religione e cucina, spiritualità e alimentazione rappresentano quindi due binomi che non possono essere separati, proprio per il fatto che sono costituiti dalla concatenazione di elementi che possiedono forti rimandi l'uno con l'altro e che non devono e non possono essere divisi, perché in tutte le procedure che portano all'alimentazione l'uomo si eleva, si ciba del divino, entra in contatto con lo spirito vitale della natura, traendo da esso vita a sua volta.

Pertanto l'essere umano, mostrando gratitudine e accettando la sua condizione di passaggio sulla terra, può trovare la via per il benessere psicologico e fisico, sintonizzandosi profondamente con la natura e cogliendo da essa spunti per imparare a sostenere sempre meglio le pressioni derivate dall'ambiente.

Negli ultimi decenni la millenaria tradizione gastronomica di questo paese ha iniziato a destare l'interesse di molti studiosi della comunità accademica, i quali hanno iniziato a indagare quale fosse la ricetta per una vita sana, longeva e libera dallo stress. I ricercatori coinvolti appartengono a diversi campi di studio, da quelli scientifici come la medicina e la biologia, passando attraverso discipline umanistiche come la psicologia e la filosofia. Il motivo di tale eterogeneità, dice Toshio, è facilmente attribuibile al fatto che, tra tutte le pratiche presenti nella cultura giapponese, la cucina tradizionale, ovvero il *washoku*, è una disciplina decisamente variegata, che abbraccia aspetti teorici, culturali, filosofici e spirituali, coinvolgendo l'uomo in tutte le sue sfaccettature caratteriali e biologiche. Infatti, se da una parte nel campo scientifico la ricerca si è orientata all'indagine dei fattori biologici e biochimici che rendono la dieta nipponica bilanciata ed equilibrata a livello nutrizionale, parallelamente le scienze umane hanno focalizzato l'attenzione sullo studio dei fattori spirituali e filosofici dei riti legati all'alimentazione, ritenuti responsabili di donare benessere e leggerezza a chi li pratica. In questo senso la gratitudine per le vivande manifestata tramite il rituale dell'*itadakimasu* riporta immediatamente l'uomo a un'antica condizione primigenia di connessione con la Madre Terra, depositaria dello spirito divino. Proprio da questa concezione della natura deriva gran parte della cultura giapponese, specialmente per quanto riguarda la salvaguardia e il rispetto dell'ambiente, il vivere in modo rilassato seguendo le stagioni, senza stressare e sottoporre il corpo a un eccessivo sforzo derivato da una vita frenetica.

Infine, è importante sottolineare che, se da un lato la dieta nipponica propone un regime alimentare bilanciato, salutare ed equilibrato nell'accostamento dei macronutrienti, l'aspetto visivo e artistico non viene mai tralasciato. Infatti l'attenzione e la cura adottate nella scelta della *mise en place* sottolineano l'intento di creare un'esperienza culinaria che sia armoniosa nei colori e nelle consistenze e in linea con l'estetica naturale, affinché il commensale sia guidato in un viaggio gustativo che lo coinvolga tanto nel corpo, tramite sapori egregiamente bilanciati, quanto nella mente, ricollegandolo, con umiltà e gratitudine, allo spirito divino insito negli elementi naturali.

8

お持て成し
o おもてなし
Omotenashi

CONOSCERE IN ANTICIPO I BISOGNI ALTRUI

お持て成し o おもてなし
Omotenashi

Conoscere in anticipo i bisogni altrui

Gion
35°00′12.59″N 135°46′30.19″E

Camminando per le strade di Gion è molto facile imbattersi ancora in una geisha. È infatti in questo antico e affascinante quartiere che sopravvivono le loro case, i teatri, le scuole, ma anche agenzie che permettono alle donne occidentali di diventare geisha per un'ora.

Le geishe rimaste in Giappone sono circa 250 e la maggior parte vive a Kyoto. Il loro compito è quello di intrattenere ospiti esclusivamente maschili, durante una festa o una cena di lavoro.

In giapponese la parola *geisha* significa "artista" o "persona di talento": una geisha ha l'obiettivo di far sentire sovrani i propri interlocutori, adoperandosi per dar loro la sensazione di essere unici, di regnare su di un mondo magico che lei sapientemente avrà ricreato nello spazio di una casa del tè. Ma sarà sempre la geisha a mantenere il controllo assoluto del gioco, con le sue arti seduttive, il suo erotismo sottile, la sua abilità e le sue affascinanti parole, i sorrisi, i balli e gli sguardi complici, sottomessi ma allo stesso tempo dominatori. Mai cadere nell'equivoco, infatti, che una geisha sia l'equivalente nipponico di una prostituta.

A tarda notte, lungo uno degli stretti canali alberati

tra Gion e Pontocho, ho la fortuna di trovarmi nel posto giusto al momento giusto. Dall'altra parte del corso d'acqua, seminascosta da un grande salice, si affaccia una casa del tè dove una geisha e una giovane *maiko* – apprendista geisha – stanno intrattenendo un gruppo di uomini. Ipnotizzata, mi fermo per un tempo indefinito a osservare le loro azioni, i loro gesti, i loro canti. E comprendo che è proprio dall'operato delle geishe che nasce il concetto di *omotenashi*: ogni gesto viene compiuto affinché il proprio ospite possa trovare il *wa*, ovvero la perfetta armonia.

Chiunque si trovi nel paese del Sol Levante, che sia per viaggio di piacere o di lavoro, non può fare a meno di notare l'estrema cortesia e la profonda dedizione con cui i giapponesi accompagnano ogni loro gesto. È facile restare colpiti dall'ospitalità senza paragoni del popolo nipponico, un'attitudine spontanea e disinteressata: quanto più sono attenti e solerti di fronte a un ospite, tanto più il loro comportamento appare spassionato e naturale, senza che si sforzino o che si sentano in dovere di essere gentili… Perché l'*omotenashi* è iscritto nel loro DNA.

Ura Omo Tenashi. Mono O Motte Nashitogeru. Mo Te Na Su. Sono le tre espressioni contenute nella parola *omotenashi* che esprimono lo spirito dell'ospitalità nipponica. Rappresentano rispettivamente il principio di autenticità, riferito a un approccio spontaneo e disinteressato, del massimo impiego delle proprie forze al fine di perseguire un obiettivo con dedizione e perseveranza, e di attenzioni, cure e gratitudine nei confronti di un ospite.

In realtà il termine *omotenashi* è molto più complesso e denso di significati, anzi, come moltissime delle parole giapponesi, ha addirittura una duplice accezione. Per la sua traduzione italiana ci si avvale per lo più del termine "ospitalità", nonostante non sia abbastanza sfaccettato da cogliere tutte le profonde e diverse sfumature che ne caratterizzano il senso. Ma i due autentici significati di *omotenashi* sono i seguenti: *(o)-mote* ("superficie", "facciata") e *nashi* ("meno", "minore", "senza"), con il significato di "sincero", "disinteressato"; *o-mote* ("portare") e *nashi* ("riuscire"), con il valore di "soddisfare", "completare", "mettersi al servizio dell'altro".

È in questa sfumatura di senso che si rintraccia tutta la differenza tra la cultura dell'*omotenashi* e quella occidentale dell'ospitalità. La tradizione giapponese, infatti, non contempla alcuna relazione di dominanza tra ospite e padrone, tutt'altro: è un rapporto che non implica aspettative, dal momento che scaturisce dalla parte più profonda della coscienza umana e non dà adito a obblighi sociali più o meno espliciti.

L'esperienza del *Cha no yu*

L'*omotenashi* è un principio fondamentale della tradizione giapponese, una filosofia di vita fondata su un comportamento altruista e un'accoglienza completamente basata sulle esigenze dell'ospite. Potremmo interpretarlo come un atteggiamento innato, le cui origini si rintracciano nell'approccio zen alla vita, promosso dalla filosofia buddista e in rituali antichissimi come la cerimonia del tè (*Cha no you*), la quintessenza dell'*omotenashi*, che nasce anch'essa dalla tradizione zen e dalla meditazione zazen.

A questo proposito, l'opera di Sen no Rikyū – monaco buddista nonché uno dei maestri del tè più noti e influenti – ripercorre le regole fondamentali su come ricevere e intrattenere gli ospiti durante la cerimonia del tè.

Nella sua forma originaria il rituale del *Cha no you* durava parecchie ore, durante le quali dal padrone di casa ci si aspettava ovviamente impegno e dedizione nei confronti dell'ospite, che veniva – e qui l'espressione non è usata a caso — "servito e riverito" con diverse portate. Non solo, la cerimonia del tè è tuttora scandita da momenti, rituali e gesti ben precisi, oltre ad avvalersi di strumenti creati ad hoc per l'occasione; tant'è che forse sarebbe più corretto chiamarla "arte del tè".

Parti integranti del rito sono come minimo due interruzioni, in cui gli ospiti vengono fatti uscire dalla stanza affinché l'officiante possa modificarla, rendendo lo spazio più accogliente e confortevole, spostando mobili e sedute o sostituendo gli strumenti utilizzati per avvicinarsi al gusto personale dei propri ospiti. Per fare ciò l'officiante non può che appellarsi a uno spirito d'osservazione attento e meticoloso, che tenga conto delle reazioni di chi gli siede di fronte; così, misurando di volta in volta il gradimento degli ospiti, troverà sicuramente le atmosfere, gli utensili e le pietanze a loro più congeniali. Ogni singola fase si svolge pensando al prossimo con rispetto e gratitudine.

Tutta l'essenza dell'arte del tè e di conseguenza dell'*omotenashi* si riassume in questa massima attribuita a Sen no Rikyū: «Il cuore della cerimonia del tè consiste nel preparare una deliziosa tazza di tè, disporre il carbone in modo che riscaldi l'acqua, sistemare i fiori come fossero nel giardino, in estate proporre il freddo, in inverno il caldo, fare tutto prima del tempo, preparare per la pioggia e dare a coloro con cui ti trovi ogni considerazione».

Quest'ultima frase è particolarmente emblematica: l'*omotenashi* è ben lontano dall'essere mera deferenza verso il prossimo, al contrario esprime profonda dedizione nei suoi confronti. Tutte le azioni a cui si assiste durante la cerimonia, tutti i momenti vissuti *con* l'ospite, sono anche *per* l'ospite.

Ma la devozione verso gli altri dei giapponesi non si limita alla cerimonia del tè: lo stesso atteggiamento, per esempio, si rintraccia nel cuoco che osserva gratitudine per ciascuno degli ingredienti presenti nella sua cucina, oppure nella formula che conoscete già, pronunciata dai commensali nel momento in cui vengono servite le pietanze: "*itadakimasu*".

L'inclinazione al sorriso e la predisposizione all'ospitalità fanno di quella giapponese la cultura dell'accoglienza, non a caso un antico proverbio recita: «Se sorridi, puoi cambiare te stesso, gli altri e il futuro». Un servizio impeccabile, infatti, ha come condizione necessaria e sufficiente quella di mettere a proprio agio il prossimo: un bel sorriso rimane sempre il modo più facile per farlo, e questo vale in tutte le culture. A prescindere da chi abbiamo di fronte, è buon costume assecondarne le necessità, senza che traspaia il minimo cenno d'insofferenza o di sacrificio da parte nostra.

La cultura dell'accoglienza

Una sensibilità che prende le mosse dall'ascolto e dallo spirito d'osservazione è la premessa necessaria per praticare l'*omotenashi*. La capacità di intuire e anticipare le esigenze altrui e la ricerca dell'armonia tra queste stesse sono i segreti per riuscirci, mentre il raggiungimento del benessere e dell'appagamento sono le finalità ultime.

In quest'ottica è fondamentale mantenere un atteggiamento privo di preconcetti, riservare a tutti lo stesso trattamento e al contempo prestare attenzione alle differenti esigenze di ognuno.

Nel corso dei secoli l'*omotenashi* ha letteralmente plasmato la mentalità e le usanze dei giapponesi ed è ormai parte essenziale delle relazioni sociali in ogni ambito, da quello più formale a quello più familiare, anche nella vita di tutti i giorni: perfino quando andiamo al ristorante o entriamo in una boutique.

Lo ritroviamo nella cura certosina con cui vengono presentati i pasti, affinché l'impiattamento soddisfi prima di tutto la vista oltre che il palato, oppure nella cortesia dei negozianti, nella gentilezza e disponibilità di un passante quando gli chiediamo indicazioni e lui, anziché limitarsi a indicarci la direzione, si offre di accompagnarci fino al luogo che cerchiamo. Ecco, tutto questo è *omotenashi*.

Piccolezze, potrebbe pensare qualcuno, ma questa "cultura dell'accoglienza" in Giappone è una vera e propria questione di cuore e fa davvero la differenza: migliora addirittura la qualità della vita, che in questo paese – i cui punti di riferimento sono l'efficienza, la precisione e la puntualità – è una delle più alte al mondo.

Nel concreto si riassume in un ottimo servizio al cliente, curato nei minimi dettagli, che mira ad anticiparne le esigenze e a superarne perfino le aspettative.

Ed è il credo che negli anni ho imparato a fare mio, ogni volta che mi trovo di fronte a un cliente.

Infatti la filosofia dell'*omotenashi* è straordinariamente legata – non esagero se dico in modo inscindibile – al mio lavoro. Per capirlo meglio occorre ripartire dall'assunto che vede l'*omotenashi* come la capacità di intuire i desideri del cliente prima ancora che questo li manifesti esplicitamente. In breve, bisogna fare il possibile per renderlo felice, ed è questo quello che cerco di ottenere da ogni mia esperienza lavorativa. Quello dell'ascolto e dell'osservazione è il momento più importante del mio lavoro di professional organiser, perché non solo mi porta a conoscere al meglio chi ho di fronte, ma anche a valutarne gli obiettivi che si aspetta dalla nostra collaborazione.

Certo, la finalità del mio ruolo consiste nel riorganizzare spazi casalinghi all'insegna della praticità, però non posso permettermi di trascurare alcuni passaggi essenziali per la conoscenza della persona con cui mi relaziono. Quello che affronto insieme al mio cliente è una sorta di percorso: ecco perché il primo passo fondamentale per conseguire l'obiettivo è studiare lo spazio in cui mi trovo, per apprendere quante più informazioni possibili.

Una volta entrata in casa, la prima cosa che faccio è osservare la libreria, che non è solo il mio posto del cuore, ma anche quello che mi permette di cogliere molti particolari sulla persona che ho di fronte. Talvolta è relegata in un angolo, altre volte invece occupa intere pareti, ma ciò che vale indistintamente per tutti è che la libreria diventa inconsciamente lo specchio della nostra personalità. È uno spazio che parla agli altri di noi, ecco perché mi soffermo sui titoli, per intuire hobby o interessi; insomma, per creare una specie di identikit: sarà una persona più romantica se sulle mensole custodisce libri rosa o romanzi d'avventura, mentre da un amante dei gialli mi aspetto che sia un tipo misterioso e riservato.

Intanto, tra un titolo e un altro, mi diverto a gettare un'occhiata alle fotografie e ai quadri appesi alle pareti, ai soggetti che ritraggono, alla loro disposizione. Osservo tutti gli oggetti intorno a me: per esempio, se sulle mensole scorgo piccoli souvenir o ricordi di luoghi lontani, probabilmente il mio cliente sarà una persona dinamica, a cui piace viaggiare; se da dietro il divano fanno capolino delle piante che arredano il salotto, probabilmente sono di fronte a qualcuno che ha il pollice verde o che più in generale ama la natura. Divento spettatrice silenziosa della vita di coloro che incontro: ogni oggetto infatti parla dei nostri ricordi e delle nostre esperienze; in una parola, della nostra vita.

Se spazi come il salotto o la libreria permettono alla nostra storia di lasciarsi sfogliare – proprio come succede con le pagine di un libro – a chi entra in casa per la prima volta, diverso è il discorso per quanto riguarda le camere, e più nella fattispecie gli armadi.

Se ci fermiamo a pensare al fatto che secondo l'immaginario collettivo è l'armadio il luogo in cui riponiamo i nostri segreti – i famosi scheletri riposano proprio lì –, capiamo che a livello più o meno inconscio il primo posto in cui tendiamo a nascondere ciò che non ci piace o a riporre ciò che non usiamo è proprio quello. C'è bisogno quindi che prima di arrivare in camera da letto – rovistare tra i cassetti del comò, conoscere i piccoli ricordi che si celano nel cassetto del comodino o frugare tra gli abiti di tempi passati – si crei un rapporto di fiducia con il cliente. Banalmente, è fondamentale per me conoscere la storia di chi ho di fronte e lo spazio della casa in questo senso mi aiuta molto. Ma non tutti in presenza di uno sconosciuto sono immediatamente disposti ad aprirsi, a lasciarsi andare, a raccontarsi: qualcuno mi vede come una life coach, qualcun altro come una confidente, altri ancora invece preferiscono tenere un profilo basso e rimanere più riservati e distaccati. In ogni caso, appena mi è possibile, lascio che sia il loro spazio a parlarmi, lascio che i miei clienti si raccontino attraverso una fotografia sul comodino, un piccolo amuleto di ceramica nel cassetto della biancheria, l'abitudine di tenere – anche nell'armadio e non solo indosso – un calzino dritto e uno al rovescio (solo dopo qualche anno trascorso in Italia ho capito che si portano così per allontanare il malocchio e difendersi dalle malelingue).

La camera da letto racconta insomma tutta una serie di costumi personali, attraverso talismani e portafortuna che rivelano sia antiche tradizioni legate alla cultura folcloristica sia particolarissimi e personali antidoti per i piccoli e grandi traumi di tutti i giorni.

Come dicevo, è difficile entrare nella vita delle persone, ma osservando gli spazi che abitano, guardandomi intorno e ascoltando i loro racconti e le loro storie riesco a creare un legame. In questo passaggio sta la chiave di volta del mio lavoro: comprendere chi ho di fronte, non soltanto per capirne intenzioni e aspirazioni, ma addirittura per anticiparle, "alzare l'asticella" come si suol dire. Andare oltre le aspettative, le mie e quelle del cliente.

È soprattutto osservando che impariamo tantissimo: un esempio importante in questo senso è un episodio accaduto quando ancora lavoravo a Parigi nel campo della moda. All'epoca curavo gli interessi di alcuni clienti americani, i quali, quando venivano nella *ville lumière*, mi chiedevano spesso suggerimenti su dove andare a mangiare. A me piaceva, e piace tuttora, consigliare posti che trovo si addicano al cliente, e quindi al suo gusto, o alla situazione – nel caso si tratti di un pranzo di lavoro, una cena tra colleghi o una ricorrenza speciale, per esempio. Insomma, non mi limitavo a proporre un ristorante a caso, perché ho sempre "studiato" un po' la persona e la situazione. Così, anche per alcuni clienti che non avevo mai incontrato prima, mi è bastata un'attenta occhiata e qualche domanda per consigliare loro il posto giusto in cui trascorrere una serata in compagnia di un buon vino d'annata.

Lo spirito d'osservazione è alla base dell'*omotenashi*, poiché porta a conoscere il più possibile la personalità di un cliente e di conseguenza l'obiettivo che si aspetta di raggiungere.

Una soluzione che negli anni è diventata per me sempre più congeniale deriva da una vecchia abitudine legata alle mie esperienze precedenti nell'ambito creativo della moda e del cinema, i *moodboards*, "tavole di stile" che raffigurano attraverso immagini e frasi essenziali la persona che ho di fronte: il mood, le ispirazioni, lo stile dei capi e degli accessori. Anche adesso, ogni volta che incontro un nuovo cliente, immagino una sorta di *moodboard* mentale e cerco di immedesimarmi in lui, per capirne meglio la personalità e le aspettative.

Questi sono solo due dei tanti aneddoti che mi fanno pensare a quanto la filosofia dell'*omotenashi* sia fondamentale per imparare ad anticipare i bisogni altrui: essere pronti a sorprendere gli ospiti mostrando di conoscere le loro esigenze, accogliendoli con piacere e savoir-faire. Ho imparato che superarne le aspettative è sempre possibile, quando mi lascio guidare dall'istinto e dall'amore per i dettagli.

Il dettaglio che fa la differenza

Attraverso il mio lavoro mi sono resa conto di quanto sia importante la cura dei particolari. Anche per il popolo nipponico quella per i dettagli è una vera e propria vocazione: è ciò che distingue una buona idea da un'altra scaturita invece da un percorso unico e personalizzato, letteralmente "cucito addosso" al cliente.

Oggi più che mai, le persone si aspettano esperienze personalizzate, costruite di volta in volta sulle singole storie. In altre parole, l'essenza dell'*omotenashi* si raggiunge soltanto se il valore dell'esperienza si fonda sulle esigenze, sulle aspettative e sui desideri delle persone. E i giapponesi ne hanno fatto una costante, che è possibile rintracciare in diversi aspetti della loro cultura, dai più tradizionali fino ai più contemporanei. Dalla mitica figura delle geishe, che attraverso la musica, la danza, i canti e le poesie ristoravano l'animo di viaggiatori e intrattenevano ospiti importanti all'interno delle case del tè, fino alle moderne aziende che fanno della semplice cura dei dettagli un'attenzione allo straordinario, seguendo e supportando il cliente in ogni aspetto della *customer experience*, ossia l'esperienza complessiva nella relazione con l'azienda: accompagnandolo in tutto il percorso prima, durante e dopo l'acquisto.

Nel mondo dell'ospitalità, soprattutto quando si parla di lusso, è proprio il dettaglio a fare la differenza. Le persone interagiscono, comunicano e spendono denaro non soltanto influenzate dai messaggi pubblicitari, ma piuttosto condizionate dalle esperienze che vivono nell'interazione con i brand. Ecco che allora queste interazioni generano sensazioni – a livello più o meno inconscio – sensoriali ed emotive.

Vi è mai capitato di ricomprare sempre lo stesso tipo di detersivo per il bucato esclusivamente per il suo profumo? Oppure di prendere sempre lo stesso gusto di torta in pasticceria perché vi ricorda tantissimo quella che vi preparava vostra nonna?

Si tratta di esempi banali che fanno parte della nostra quotidianità, eppure sono preziosi per capire quanto ormai per tutti (clienti, brand, aziende e privati) l'attenzione al dettaglio sia diventata una legge da osservare scrupolosamente. Questo processo che lega il produttore al consumatore, e viceversa, è tutto giocato sull'ascolto delle richieste del cliente. E quando finalmente si può dire di averne conquistato la fiducia, bisogna sapere come tenerselo stretto, affinché continui a dimostrare la sua preferenza per l'azienda.

L'*omotenashi* è anche questo: mettere l'ospite sempre al centro, manifestargli riconoscenza e continuare a offrirgli soltanto il massimo, così da garantirgli la felicità.

Il peso specifico della felicità

Allo stesso modo, quando sono alle prese con un'intensa sessione di riordino, non posso non tenere conto di ciò che i dettagli rappresentano per le persone con cui lavoro, del valore affettivo dei singoli oggetti. La priorità del mio lavoro è quella di trovare un'organizzazione che di volta in volta si adatti agli spazi dei clienti, ma ciò che più importa è comprenderne le esigenze e porre attenzione su quanto determinati oggetti siano fondamentali nelle loro vite perché li rendono felici.

Certo, il mio è un atto dettato da una finalità pratica e non estetica: ciò che faccio deve essere funzionale e non solo bello da vedere. Si tratta di una scelta che certamente migliora e facilita la vita, ma sarebbe riduttivo dire che la mia "missione" si esaurisce così: oltre alla comodità ci sono infatti molte altre conseguenze a lungo termine che si ripercuotono sul benessere dei miei clienti.

Non dimentichiamo che riordinare la propria casa, o il proprio armadio, vuol dire anche mettere in ordine la propria vita. Le persone infatti tendono a comprare, e quindi ad accumulare, moltissimi vestiti e altrettanti oggetti; la maggior parte di questi, presto o tardi, diventano ricordi da cui è difficile separarsi, anche se magari non hanno più una vera utilità. Ed ecco che allora la questione fondamentale non è solo quella pratica di riorganizzare un guardaroba o una cucina, ma anche di aiutare il cliente ad affrontare la propria casa e il bagaglio emotivo che i suoi effetti personali si portano dietro.

Se possediamo troppe cose, a poco a poco queste si prendono i nostri spazi: non affolliamo solo pensili, mensole, scaffali e cassetti, ma anche la nostra vita. Per questo, quando affronto per la prima volta un armadio, per cominciare lo svuoto completamente per quantificare lo spazio che gli oggetti si prendono. Piccoli escamotage come scatole colorate o contenitori dalle linee essenziali sono i dettagli che fanno la differenza e che garantiscono luoghi (e animi) sempre puliti e ordinati. Una riorganizzazione studiata "su misura" sulle richieste del cliente spesso permette di creare spazi perfettamente funzionali e ben strutturati.

Per molti è un processo faticoso, coinvolgente anche dal punto di vista emotivo. Quando vedo che per i clienti diventa difficile separarsi dagli oggetti, il mio suggerimento è di lasciare tutto fuori, in bella vista, per un po'; il quanto è soggettivo, perché il tempo necessario per "processare" cambia da persona a persona. Ma solo così possono valutare se si tratta di cose veramente importanti.

Ovviamente è indispensabile la loro partecipazione per sgombrare: quando capiscono l'importanza di questa fase, imparano a ricavare spazi più organizzati e di conseguenza a vivere una vita più ordinata, senza più accumulare cose inutili.

Ecco che allora l'esperienza dell'*omotenashi*, fondata sulle esigenze, le aspettative e i desideri delle persone, compie un ulteriore passo in avanti: un altro insegnamento di cui facciamo tesoro – dopo il primo che evidenzia l'importanza dello studio e dell'osservazione – è saper ascoltare le richieste del cliente; lasciarsi ispirare, perché è dal dialogo che nascono le idee migliori. Malgrado queste siano diverse a seconda delle necessità, il mio intento è sempre lo stesso: quello di creare ogni volta degli spazi che rispecchino la personalità di chi deve abitarli. Riordinare con un criterio studiato appositamente sui bisogni del cliente, ricavare ambienti che rispondano al meglio a ogni esigenza. In definitiva, per dirla con le parole prese in prestito dal marketing, "personalizzare" l'esperienza per offrire un risultato di livello superiore.

Abbiamo già detto di come l'*omotenashi* comprenda in sé l'attenzione al dettaglio, allo scopo di creare esperienze uniche e distintive. La sensazione di un'accoglienza assolutamente personale esprime un'altissima considerazione per l'ospite, facendolo sentire importante e apprezzato.

Tenete presente che l'attenzione al dettaglio non deve essere confusa con la superficialità. Al contrario, questa è l'essenza stessa della filosofia dell'*omotenashi*, proprio in virtù della sua capacità di creare emozioni che rimarranno nel nostro cuore per sempre. Non esagero se dico che l'*omotenashi* è un concetto molto vicino alla felicità; quando ci relazioniamo in questo modo con chi ci circonda, come nel caso di un semplice quanto spontaneo gesto di ringraziamento, un sorriso, un biglietto o un messaggio arrivato nel momento opportuno, ci sentiamo amati e vicini.

Per tornare alla mia attività di professional organiser, agli ambienti casalinghi e agli interni in senso più ampio, quelli che appaiono come dettagli insignificanti in realtà sono fondamentali per suscitare l'idea di ordine e pulizia, sulla quale si costruisce una sensazione di appagamento e di benessere che immediatamente restituisce buonumore a chi sta vivendo quel preciso spazio.

Ecco svelata l'importanza dei dettagli: per piccoli che siano, sono talmente potenti che la peculiarità di cui sono dotati consente loro di ribaltare situazioni e fare la differenza, nel bene e nel male.

Avendo trascorso un po' di tempo in Giappone, ho potuto testare l'*omotenashi* sulla mia pelle ogni giorno. Dalle bacchette posizionate ordinatamente e tutte alla stessa distanza sui tavoli dei ristoranti, ai sorrisi dei tassisti che scendono dall'auto per aprire e chiudere la portiera ai passeggeri. È però nei negozi e nei centri commerciali che è possibile sperimentare la massima espressione dell'*omotenashi*, con il personale che si inchina davanti a ogni cliente che varca la soglia; un rito cerimoniale a tutti gli effetti!

Dopo essere entrata in un negozio d'abbigliamento e aver passato in rassegna tutti gli abiti esposti, ne trovo uno che mi piace e chiedo alla commessa di poterlo provare. Lei, dolce e aggraziata, non solo mi fa un cenno d'assenso, ma addirittura mi porge una copertura monouso per evitare di rovinare il tessuto con il trucco.

Omotenashi sempre e comunque, con il sole e con la pioggia, perché all'ingresso di ogni esercizio pubblico e commerciale si trovano apposite macchine in cui infilare l'ombrello per estrarlo rivestito da una sorta di cappuccio di plastica, così da evitare che le gocce d'acqua sporchino e rendano scivoloso il pavimento.

Ma se dai negozi o dagli uffici un certo livello (minimo) d'ordine e igiene è quasi scontato, lo stesso non ci si aspetterebbe dalle stazioni di metropolitane e treni, che invece sorprendono per l'estrema pulizia e la solerzia del personale addetto. Non c'è macchia che sfugga al loro passaggio, dal pavimento alle panchine d'attesa fino alle pareti. Per non parlare dei convogli, pulitissimi e profumatissimi, che garantiscono efficienza e puntualità, perché la vita in Giappone corre veloce ma non per questo si è disposti a rinunciare ad alti standard di pulizia e altrettanto elevati livelli di qualità. Un servizio sempre attento e funzionale, studiato fin nei minimi dettagli per rispondere ai bisogni di tutti e non ostacolare nessuno, dai pendolari ai turisti fino ai viaggiatori, anche quelli con sedia a rotelle, per i quali sono pensati spazi ad hoc e personale appositamente formato per garantire tutti i riguardi necessari.

Insomma, la cultura, le abitudini e le usanze nipponiche si rifanno continuamente all'*omotenashi*, in ogni aspetto della vita quotidiana, perché nel paese del Sol Levante l'accoglienza e l'ospitalità sono sempre al primo posto.

Solo approfondendo fino in fondo questo concetto chiave della cultura giapponese si riesce a capire perché il servizio nipponico sia il migliore al mondo. Un servizio prestato senza aspettarsi nulla in cambio. La grazia, la cortesia, i modi amabili ed estremamente cordiali degli abitanti di questo paese mettono in risalto come ancora una volta per rapportarsi agli altri sia fondamentale promuovere l'armonia. Se nell'accoglienza e nell'ospitalità verso il prossimo risiede la soddisfazione personale di avere agito nel migliore dei modi, nell'*omotenashi* si trova la quintessenza della felicità.

9

森林浴
Shinrin-yoku

ANCORATI ALLA TERRA, FUORI DALLO SPAZIO E DAL TEMPO

森林浴
Shinrin-yoku

Ancorati alla terra, fuori dallo spazio e dal tempo

Funaoka-Onsen
35°2′12.84″N 135°44’40.56″E

Il sole si alza lento al di sopra della linea infinita dell'orizzonte, infiamma il cielo di arancione e tinge i contorni delle nuvole di rosa, con bagliori di un quadro impressionista. Intanto i raggi corrono per la pianura erbosa e poi, uno dopo l'altro, si adagiano sulla foresta, scacciando dal sottobosco le ombre più scure. Rischiarano gli alberi, le foglie e ogni filo d'erba che incontrano sul loro cammino, dissolvono la nebbia opaca che si attarda tra le rocce. Risvegliano con passo cadenzato gli abitanti della foresta e scaldano la pietra grigia che il tempo ha vestito di muschi e licheni. La marcia dei raggi porta con sé l'alito della vita: il vento corre a spettinare le fronde degli imponenti cedri. S'insinua tra i rami, accarezza la corteccia, rinvigorisce i fiori.

Sembra un sogno. Inspiro ed espiro profondamente. Mi guardo intorno e solo ora capisco davvero cosa intendano i giapponesi con *shinrin-yoku*, l'antica pratica del bagno nella foresta, tradotto dagli inglesi con *forest bathing*.

Fin dalla più remota antichità, la cultura di questo paese è intrisa del profondo rispetto per la natura. È proprio nel sole, nella terra, nell'acqua, nelle montagne, nelle folate di vento e negli alberi che gli antichi abitanti del Giappone intuivano un'energia spirituale, il respiro vitale che attraversa e anima tutti gli elementi naturali, i cosiddetti *kami*.

Buddismo e shintoismo – entrambe religioni ufficiali del Giappone – individuano nella foresta il regno delle divinità. Per il buddismo la natura è un vero e proprio testo sacro, mentre secondo lo shintoismo in essa risiedono spiriti divini che abitano tutte le creature, anche gli alberi: i *kami*, appunto. In natura ce ne sono tantissimi e si trovano ovunque; data la loro presenza, le foreste stesse diventano luoghi di culto.

Secondo gli antichi abitanti del Giappone, i *kami* agiscono su di noi favorendo il contatto con la natura attraverso tutti i sensi: è solo così che diventa possibile immergersi nel paesaggio che ci circonda e mettere finalmente in pratica l'arte dello *shinrin-yoku*.

È fondamentale sapere che non si tratta di una semplice camminata: *shinrin* infatti vuol dire "foresta", mentre *yoku* "bagno"; *shinrin-yoku* significa quindi immergersi totalmente nell'atmosfera della foresta e godere dell'esperienza attraverso tutti e cinque i sensi. Detta così potrebbe sembrare una variante del jogging oppure una forma di esercizio fisico, ma in realtà consiste semplicemente nell'entrare in contatto con la natura, nel connettersi a essa attraverso sensazioni fisiche ed emotive.

L'essenza di questa attività è essere in armonia con gli elementi, ristabilendo il contatto con il mondo attraverso i sensi. Con lo *shinrin-yoku* è possibile acquisire coscienza della realtà che ci circonda e stabilire una connessione profonda con quei luoghi della natura che sanno rigenerarci e che sono parte del nostro patrimonio genetico.

Il pensiero che il contatto con la natura sia un bisogno fisiologico dell'uomo assume in italiano il nome di "biofilia"; in senso letterale significa "passione per la vita", volendo leggerlo in maniera più ampia testimonia un amore vero e proprio per l'esistenza. Il biologo americano Edward O. Wilson, che ha teorizzato tale fenomeno nel 1984, la riassume come la tendenza innata a concentrare il proprio interesse sulla vita e sui processi vitali. Un atteggiamento che è il prodotto della nostra evoluzione biologica all'interno della natura, che ha di fatto determinato l'esigenza di mantenere una connessione con l'elemento naturale. Per dirla in parole povere: non possiamo ignorare il richiamo dell'ambiente che ci ospita e che ci garantisce la sopravvivenza. Forse è proprio questo il motivo per cui ci sentiamo a nostro agio negli spazi incontaminati: perché è in quei luoghi che abbiamo trascorso la maggior parte della nostra esistenza come specie umana.

Il nostro inconscio è testimone di un legame ancestrale che affonda le proprie radici nella notte dei tempi: siamo geneticamente programmati per amare la natura, è scritto nel nostro DNA.

Anche a me piace pensare che siamo geneticamente creati per vivere in sintonia con la natura, e attraverso lo *shinrin-yoku* abbiamo l'occasione di capire che vivere in questa simbiosi apporta straordinari benefici al nostro equilibrio fisico e mentale, mentre starne lontani ci fa male.

Nel momento in cui ci accingiamo a praticare lo *shinrin-yoku* è impossibile non tenere conto di questa atavica affinità: il contatto con la natura è indispensabile per il nostro benessere fisico. Insomma, vivere a stretto contatto con la natura è salutare.

Quando ci troviamo negli spazi chiusi, le nostre percezioni tendono ad appiattirsi. Se ci pensiamo bene, nella vita di tutti i giorni accade davvero raramente che i nostri sensi siano tutti all'erta. Diversamente, invece, quando siamo fuori casa diventiamo più ricettivi, perché le nostre sensazioni si amplificano. Allora, per un approccio allo *shinrin-yoku* che possa davvero dirsi compiuto, è fondamentale esortare i sensi a vivere nuove esperienze; soltanto così sarà possibile entrare in comunione con la natura. E soltanto così avremo l'occasione di soffermarci a sentire il profumo dei fiori, osservare i petali variopinti, contemplare le innumerevoli tonalità di verde, assaporare l'aria fresca, lasciarci accarezzare dalla brezza, farci trasportare dal canto degli uccelli e sentirci finalmente a pieno titolo parte del mondo naturale.

Forse la nostra passeggiata nel bosco non ci porterà molto lontano, ma immergendoci nella natura lo *shinrin-yoku* ci ricondurrà al nostro io più profondo. È il ponte d'oro che ci dirige all'essenza delle cose, un impulso necessario per colmare il divario tra noi e l'ambiente naturale, stimolando i nostri sensi. Quando siamo in armonia con la natura, corpo e mente tornano a trovarsi in equilibrio e a loro volta sono perfettamente sintonizzati con il mondo circostante.

Vivere la foresta con tutti e cinque i sensi

Lo abbiamo già detto: lo *shinrin-yoku* non è una forma di esercizio fisico né una semplice passeggiata. È un'esperienza alla quale partecipano tutti e cinque i sensi, che vengono educati all'ascolto dei suoni del bosco, alla capacità di respirarne i profumi, alla contemplazione dei riflessi di luce e delle sfumature dei colori, alla sensibilità nello stabilire un contatto naturale con le piante e la terra.

Dicevamo di come, conducendo le nostre vite per lo più all'interno di case, uffici e mezzi di trasporto, i nostri sensi si appiattiscano e noi finiamo per affidare gran parte delle nostre percezioni alla vista. Non è un errore dire che l'effetto riposante e corroborante della natura è attribuito per lo più a stimoli visivi, eppure non riusciamo a coglierne appieno la bellezza perché in qualche modo la vista ne offusca gli odori e i suoni. Ma cosa succede se chiudiamo gli occhi e proviamo a percepire la natura con gli altri sensi?

Diamo allora il via all'esperimento. Posso sentire tutt'intorno l'odore pungente della resina e quello fresco e balsamico dei cipressi. Perfino il semplice profumo dell'erba resa umida dalla rugiada mi restituisce l'immagine della me bambina, quando mi bastavano le corse sul prato davanti casa per essere davvero felice.

Nel frattempo l'acqua del ruscello che scorre in lontananza crea la perfetta colonna sonora di quello che sembra un sogno, abitato da elfi, fate, ninfe, maghi e spiriti dei boschi. Adesso anche gli uccelli danno il loro buongiorno alla foresta e le mie orecchie si riempiono di musica. Mi lascio trasportare dalla melodia e finalmente mi sento anch'io protagonista di una storia favolosa; un piccolo elfo dei boschi, di quelli con i pantaloncini a righe rosse e verdi e il cappello a punta.

Se il naso e le orecchie (e il cuore) fanno il pieno di bellezza, i piedi invece restano ben piantati al suolo, a percepire la terra sottostante. La tentazione di togliermi le scarpe è forte, anzi... Quasi quasi lo faccio! E ancora una volta torno con la mente alle corse sul prato davanti casa, con l'erba tagliata che mi solletica le piante dei piedi e il lino della gonna che mi accarezza i polpacci.

Anche le mani sono prese dalla frenesia di sperimentare: sotto i polpastrelli posso sentire la corteccia rugosa dei cedri pulsare di vita, la linfa scorrere tra le venature del legno o il velluto liscio dei petali delle primule, il muschio ispido e imperfetto che riveste le rocce e i fili d'erba ribelli che s'intrecciano tra loro.

Forse ora è arrivato il momento di aprire gli occhi per riappropriarmi in maniera definitiva di tutta questa bellezza. Se abbasso lo sguardo posso vedere delle bacche rosse, succose e rotonde: hanno un aspetto così invitante da farmi quasi venire l'acquolina in bocca. Ecco cosa mancava: il gusto.

Ora sì che posso dire di aver vissuto la foresta attraverso tutti e cinque i sensi.

E intanto resto qui, con il vento fresco che mi sfiora le guance, a riempirmi i polmoni del profumo di resina e di fiori, a sentire le foglie frusciare e a osservare i fili iridescenti delle ragnatele tesi tra un ramo e l'altro.

Riscoprire se stessi attraverso il bagno nella foresta

Per millenni abbiamo vissuto a stretto contatto con la natura, ma negli ultimi secoli le invenzioni scientifiche e tecnologiche hanno reso le nostre esistenze sempre più confortevoli, con la conseguenza ineluttabile di allontanarci dalle nostre origini, ossia dal mondo naturale.

Il fenomeno sempre più dilagante dell'urbanizzazione sta generando un effetto drammatico, gettando sia noi come specie umana sia lo spazio in cui viviamo in una condizione di stress. L'accorato grido d'allarme che il pianeta ci sta lanciando mette in evidenza come il nostro benessere dipenda da quello dell'ambiente in cui viviamo; è così lampante, eppure noi facciamo finta di non sentire.

Siamo ormai al collasso, a causa dei nostri bioritmi che ormai non sono più regolati dall'alternarsi delle stagioni e dei cicli naturali, bensì dagli impegni, dai calendari e dalle tante attività che ognuno di noi porta avanti giorno dopo giorno. Siamo talmente abituati a correre per non fare tardi al prossimo appuntamento, ai rumori del traffico, al salto in lungo dal tram alla metropolitana, alle agende che a suon di *bip* scandiscono le nostre giornate, da avere ormai dimenticato le nostre origini. Non siamo nati per vivere in giungle di cemento dominate dal frastuono dei motori. Così finiamo per essere strappati alla nostra autenticità e privati della nostra identità, dimentichiamo il nostro istinto e l'essenza primordiale che ci lega alla natura. Quella dello *shinrin-yoku* è un'arte antica che risponde ai problemi del nostro tempo: un modo efficace per curare stanchezza, stress, depressione, apatia, tutti disturbi causati dall'esposizione a ritmi sempre più frenetici. È un ritorno alle origini dai molteplici effetti positivi, utile per aiutarci a definire la percezione di noi stessi all'interno del sistema in cui viviamo, per migliorare l'umore, rinfrancare lo spirito e rafforzare il sistema immunitario. Tra gli innumerevoli benefici ne troviamo di tutti i tipi: psicologici, come la riduzione della fatica mentale; fisiologici, come un recupero più veloce da malattie o traumi; sociali, come la diminuzione dell'aggressività; cognitivi, come l'aumento della quiete e della concentrazione. Insomma, è un po' come tornare a casa la sera e ritrovare finalmente la tranquillità dopo una giornata frenetica, liberare la mente dal peso delle preoccupazioni e sentirci bene nello spazio che abitiamo.

Lo *shinrin-yoku* è la luce in fondo al tunnel dell'alienazione. Un esercizio che può restituirci un momento tutto per noi, una coccola che ci porta fuori dallo spazio e dal tempo. Non a caso, per metterlo in pratica al meglio, gli esperti consigliano di lasciare a casa l'orologio, staccarsi dal cellulare, dalle mail e dai social network.

L'ascesa dell'urbanizzazione è diventata così frenetica che, almeno nei paesi occidentali, è ormai difficile trovare una vera foresta. Ebbene, non stupiamoci se lo *shinrin-yoku* è nato proprio in Giappone: questa è una civiltà che – nonostante la tecnologia sempre più innovativa, la società fortemente industrializzata, la spinta espansionistica dell'economia e il ricorso al nucleare – vive in uno stato di completa adesione con la natura e si fa portavoce di una politica di preservazione ambientale senza precedenti. Tant'è che non è raro trovare giardini e spazi verdi tra gli imponenti edifici ultramoderni; anche i palazzi e i grattacieli diventano parte integrante del paesaggio naturale. Ciò accade, per esempio, in città ultramoderne come Tokyo, in cui i grandi parchi convivono in un'armonia sorprendente con il vetro e il cemento.

Toshio mi ha sempre detto che la cultura e la filosofia di questo paese prendono ispirazione anche dalle foreste che lo ricoprono e che i suoi abitanti conducono la loro esistenza all'insegna di uno stile di vita rispettoso ed equilibrato. Due terzi del Giappone sono tuttora ricoperti da boschi. È una delle nazioni più popolose al mondo, ma anche una delle più verdi, con una numerosissima varietà di specie vegetali. Sorvolando l'arcipelago, il colpo d'occhio è impressionante: una macchia verde che copre quasi il 67 per cento della superficie nipponica; gran parte delle foreste, del resto, è dovuta all'intervento dell'uomo. Partendo da nord troviamo la foresta subartica dell'isola di Hokkaido, mentre a sud la subtropicale di Okinawa; e nel mezzo le Alpi Giapponesi, che ricordano la schiena di un drago, con montagne ricoperte di chilometri quadrati di foreste.

Gli abitanti rintracciano l'origine delle foreste in una storia raccontata nell'opera epica degli *Annali* del Giappone. È l'antica leggenda del dio delle tempeste e degli uragani Susanoo-no-Mikoto, che un giorno decise di staccarsi un pelo dalla barba e renderlo un albero di cedro. Poi fece lo stesso con un pelo del proprio petto, trasformandolo in un cipresso, ne staccò un altro dalla natica per tramutarlo in un pino nero; infine con una delle sue ciglia ottenne una pianta di alloro. In seguito ordinò ai suoi tre figli – Itakeru-no-Mikoto, la principessa Ohyatsu e la principessa Tsumatsu – di diffondere quelle varietà arboree in tutto il paese, per rendere verde l'intero territorio del Giappone.

Effettivamente il rigoglioso arcipelago nipponico non ha rivali per quanto riguarda la densità di foreste: le uniche nazioni in Europa – grossomodo a parità d'estensione – che possono vantarne altrettante sono la Svezia, anche se è un po' più vasta, e la Finlandia, le quali però non possono competere in termini di popolazione e densità abitativa.

A ogni modo, per praticare lo *shinrin-yoku* non serve andare necessariamente nel paese del Sol Levante: è sufficiente un bosco a ridosso della città o anche un bel parco urbano.

Tutti dovrebbero avere a disposizione un ambiente verde di cui godere, un'oasi di pace in cui rifugiarsi quando la frenesia della quotidianità diventa difficile da affrontare, un luogo in cui i suoni assordanti della città non possono arrivare, restano lontani in un'altra dimensione, un posto in cui ristabilire una profonda connessione con la Madre Terra: è estremamente salutare per ridurre l'ansia della vita di tutti i giorni.

Un numero sempre crescente di persone riconosce l'importanza di una sana relazione uomo-natura, per il benessere tanto dell'umanità quanto del pianeta. Ecco perché, di fronte a fenomeni come il riscaldamento globale, l'effetto serra, l'innalzamento del livello dei mari, la pratica dello *shinrin-yoku* si pone come una risposta silenziosa ma ostinata, che dal Giappone si è diffusa in altri paesi, anche occidentali.

In California, per esempio, è nata la pratica del *tree hugging*, che si è poi propagata in tutto il continente americano; inoltre attività simili sono praticate sia in Cina sia in Corea.

Venendo all'Europa, invece, lo *shinrin-yoku* è ancora poco diffuso. Francia e Inghilterra sono le nazioni in cui questa terapia è maggiormente nota, mentre in Italia sono ancora in pochi a conoscere gli incredibili benefici apportati dall'impulso vitale delle foreste.

Eppure, da Oriente a Occidente, il messaggio è sempre più chiaro: è tempo di fermarsi a riscoprire il valore di un legame ancestrale, quello con la nostra componente naturale.

Anche gli scienziati americani sono concordi nell'individuare molteplici benefici nel complesso sistema di sinergie tra natura e organismo umano, un effetto che individuano con il termine "Vitamina G", in cui G sta per *green* ("verde"). Insomma, modi diversi per indicare la stessa cosa. Negli ultimi anni sono molti anche gli sport che dall'interno delle palestre vengono praticati all'aria aperta per ritrovare la connessione con la natura: basti pensare alla corsa, oppure a discipline come lo yoga all'aperto o l'*animal flow*, la ginnastica che imita i movimenti fluidi e spontanei degli animali, come felini o scimmie; esercizi che liberano gli istinti e risvegliano i sensi, per riportare corpo e mente a una condizione primordiale.

Gli alberi sacri del paese del Sol Levante

Non molto tempo fa, prima di partire per questo viaggio, il mio vecchio amico Toshio mi ha detto che in questo paese «gli alberi sono prima di tutto un sentimento». Ho capito cosa intendesse soltanto quando mi sono trovata al cospetto di questi giganti buoni.

Se pensiamo alle parole *albero* e *Giappone*, la prima cosa che ci viene in mente sono i bonsai, meravigliose e curatissime miniature botaniche. Se però ci fermiamo a pensare più in grande, più precisamente alle foreste e ai boschi nipponici, ci rendiamo conto di non saperne poi molto. A parte qualche foto degli ormai celeberrimi ciliegi, non abbiamo idea di quali siano le varietà di alberi più comuni.

Per conoscere la risposta è necessario lasciarci investire dal flusso corroborante della foresta, perderci a camminare tra i secolari esemplari di ginkgo biloba e riscoprirci affascinati dalle foreste di bambù. Comincio a pensare che abbiano ragione i sacerdoti shintoisti quando dicono che tutti gli alberi possiedono un'anima e per questo li venerano come fossero entità divine.

Di fronte ai tronchi mastodontici, alle chiome che raggiungono altezze titaniche e a chilometri infiniti di foreste mi sento estremamente piccola, eppure si fa strada in me il desiderio di essere come loro, di diventare parte del mondo fantastico che abitano.

Sono i *sugi* la più antica manifestazione del divino: si dice che i cedri giapponesi siano tra le più affascinanti incarnazioni dei *kami*. Non a caso si tratta dell'albero nazionale di questo paese. Il *sugi* – il cui nome sembra derivare dall'espressione nipponica "albero perfettamente dritto" – può raggiungere i dieci metri di circonferenza e i quaranta d'altezza, e la sua aspettativa di vita può addirittura superare mille anni.

Alcuni esemplari antichissimi e speciali, con le loro chiome e i loro tronchi millenari, sono considerati testimoni di intere epoche storiche e per questo sono parte del patrimonio mondiale dell'umanità, tutelati dall'Unesco. Un esempio su tutti, lo Jomon Sugi, il gigante ultramillenario – scoperto nel 1968 a 135 metri di altitudine, sull'isola di Yakushima – che si è meritato il titolo di *yakusugi*, riservato esclusivamente agli alberi di Yakushima che hanno più di mille anni. Diverse sono infatti le teorie riguardo alla sua età, che varia dai 2170 ai 7200 anni.

Tuttavia i *sugi* non sono gli unici alberi iconici del paese del Sol Levante: forse il simbolo più rappresentativo del Giappone, che si è iscritto nel nostro immaginario collettivo, è quello dello spettacolo impagabile dei *sakura*, i famosissimi fiori dei ciliegi.

Come abbiamo già visto, ad aprile, agli albori della primavera, dagli aridi rami spuntano bellissimi boccioli rosa pallido che a poco a poco diventano fiori tra i più belli in natura; simbolo di vitalità, speranza e coraggio.

Nella cultura giapponese il *sakura* – piccolo ma al contempo meraviglioso –, nella sua esistenza fugace, è inteso come una metafora dell'esistenza umana. Un invito non solo a celebrare la rinascita della natura, portata dal vento di primavera, ma soprattutto a essere grati per quelle cose, magari anche umili eppure di vitale importanza, che la nostra esistenza ci regala: il sorriso di un bambino, la magia della natura, l'amore della famiglia;

proprio per questo l'usanza vuole che nel periodo della fioritura ci si circondi delle persone amate.

La simbologia di cui il fiore di ciliegio si fa portavoce non finisce qui. C'è anche una massima, poco conosciuta, legata a questi splendidi alberi: «La fortuna ti assiste quando la *sakura* fiorisce». Un detto che, in senso lato, mette in risalto la realtà effimera delle cose, assieme al *mono no aware*, ovvero la forte partecipazione emotiva nei confronti della natura: come vedremo, è un concetto sfaccettato che sottolinea il senso di meraviglia e di esaltazione della bellezza naturale, rivelando al contempo anche una sottile malinconia legata alla caducità di questa stessa. Tant'è vero che, già il mese successivo alla fioritura, delle splendide corolle rosate rimane soltanto il ricordo. Ed è qui che si cela la simbologia: se le cose belle fossero eterne, non sapremmo coglierne la particolarità, perché perderebbero sicuramente buona parte della loro magia.

Ma non disperiamo, perché nelle foreste nipponiche è possibile cogliere la bellezza in ogni stagione e in ogni angolo, anche in corrispondenza di quelle foglie aghiformi verde oro e quella corteccia ruvida, quasi squamosa, che va dal marrone al rossiccio. Sto parlando degli *hinoki*, i cipressi. Nonostante il loro aspetto non li faccia annoverare tra i finalisti dei concorsi di bellezza per alberi, gli *hinoki* hanno un potere segreto. Basta avvicinarsi per capire meglio di cosa si tratta. In un attimo le nostre narici sono investite da un profumo delizioso, dolce e rilassante, sufficiente a farci sentire nuovamente parte della dimensione naturale. Sono piante poco più piccole dei cedri, che possono arrivare fino ai 35 metri d'altezza. Oltre al profumo caratteristico, hanno anche un'altra qualità: il loro legno è uno dei più pregiati, poiché non marcisce, ed è spesso utilizzato per costruire templi e santuari.

Un altro degli alberi più importanti è l'acero palmato o acero giapponese, il *momiji*. Il suo nome significa sia "mani di bambino" sia "foglie cremisi". È il protagonista assoluto dell'autunno nipponico. È in questa stagione infatti che le foglie raggiungono il loro massimo splendore, prima di cadere all'arrivo dell'inverno. E sono moltissime le persone – giapponesi e non – che accorrono da ogni parte del mondo per praticare la *momijigari*: la caccia alle foglie rosse, una tradizione tipica autunnale di cui Kyoto è diventata una tra le destinazioni più famose.

Lo *shinrin-yoku* in autunno ci regala molteplici sfumature, che vanno dal rosso degli aceri al giallo delle maestose chiome dei ginkgo biloba, un'altra delle specie più rappresentative del Giappone, malgrado sia originaria della Cina. Il nome significa "albicocca d'argento", ma lo spettacolo più incredibile è la sua chioma dorata. Scorgerla tra le altre è un'emozione speciale, perché si tratta di alberi molto rari e pertanto avvolti da un'aura di sacralità. Anche al *ginkgo* sono attribuiti metaforicamente alcuni significati simbolici: rappresenta la speranza, la longevità e l'immutabilità delle cose. Questa particolare interpretazione è avvalorata dalla storia dei sei esemplari di *ginkgo* sopravvissuti alle radiazioni prodotte dalla bomba atomica sganciata su Hiroshima: tutti e sei gli alberi godono ancora di buona salute e si trovano nel giardino Shukkei-en, contrassegnati da una targa.

Un albero straordinariamente longevo che è finito per diventare emblematico, proprio come le sue foglie dalla tipica forma a ventaglio: non solo il *ginkgo* è stato adottato ufficialmente come simbolo della città di Tokyo, ma non è raro vedere per le strade della capitale l'immagine della foglia affissa sui muri e sui mezzi pubblici.

L'ultima pianta che possiamo incontrare durante le nostre immersioni nella foresta non è un albero, bensì un'erba spontanea importata dalla Cina secoli fa. Una pianta scenografica in tutte le stagioni: i gambi dalle infinite gradazioni di verde lasciano filtrare i raggi del sole, creando suggestivi giochi di luce, mentre il vento che accarezza i fusti e li fa scorrere l'uno contro l'altro crea quasi una melodia. Una sorta di rumore bianco che investe tutta la foresta e concilia il riposo e la concentrazione.

Il bambù – che malgrado il fusto sottile ed esile resiste imperterrito tanto alla canicola estiva quanto al freddo pungente – è legato alla perseveranza e alla resilienza. Come testimonia un'antica favola giapponese – è stato Toshio a raccontarmela durante una delle nostre chiacchierate – che parla di due agricoltori che passeggiavano per il mercato in un tempo lontano e furono attratti da alcuni semi dalla forma insolita. Si trattava di una pianta speciale, li avvertì il venditore, così i due, convinti da quelle parole, li acquistarono. Una volta tornati ai loro terreni, piantarono i semi e iniziarono ad annaffiarli e concimarli, quelli però tardavano a germogliare.

Uno dei due agricoltori si arrese subito. L'altro invece continuò a prendersene cura per sette anni. Con il passare del tempo l'uomo diventava sempre più sfiduciato, ma proprio quando ormai sembrava aver perso le speranze, con sua grande sorpresa si accorse che il bambù era finalmente cresciuto.

Una leggenda che ci insegna a non darci per vinti di fronte a una difficoltà o a un imprevisto: dobbiamo perseverare, per ottenere risultati duraturi e soddisfacenti.

Insomma, non è più un mistero ormai che gli alberi in Giappone siano cosa sacra. Sono le adorate e rispettate dimore dei *kami* e abbatterne uno causa disonore e sventura. È per questo che i giapponesi dedicano agli alberi molte cure e attenzioni: li accarezzano, li abbracciano e li ringraziano sperando di ottenere in cambio longevità e buona sorte. Non è un caso che a guardia dei templi shintoisti e dei santuari s'innalzino straordinari esemplari silenziosi – sculture talvolta millenarie – a cui vengono dedicate offerte e preghiere.

Termino la mia giornata in uno dei più antichi *onsen* di Kyoto, il Funaoka. E mi accorgo con meraviglia di come questi bagni termali pubblici, che sono parte integrante della quotidianità dei giapponesi, in realtà conservino appieno il senso dello *shinrin-yoku*. Se da un lato la stanza è decorata nella sua interezza con una grande veduta del Fujiyama e delle foreste circostanti, dall'altra una porticina si apre su un piccolo vano all'esterno, un minuscolo giardino di rocce e muschio, con una vasca sovrastata da un antico pino bonsai. Un altro dei segreti di Kyoto, uno *tsubo-niwa* ("giardino in bottiglia"), un pezzo di foresta trasportato nelle piccole *machiya* tradizionali della città, da respirare e osservare attraverso le tante aperture disposte nelle pareti.

10

花咲
Hanasaki

L'arte giapponese di vivere più a lungo

花咲
Hanasaki

L'arte giapponese di vivere più a lungo

Minami-za
35°00'12.6"N 135°46'20.9"E

Accolgo con scarso entusiasmo l'invito di Toshio ad accompagnarlo a una rappresentazione di *kabuki*. Comunque accetto, anche solo per entrare nello storico Minami-za. Geishe nei loro abiti migliori siedono nei palchi che cingono la sala del teatro e raffinate signore dell'alta società affollano l'atrio scambiandosi parole al vetriolo con il migliore dei sorrisi. Con mia grande sorpresa, quando inizia il dramma, mi accorgo che il *tachiyaku* che interpreta l'attore non ha nulla di ciò che ricordavo dall'infanzia. Anzi, è marziale, virile, affascinante. Terminato lo spettacolo, Toshio mi informa che quello stesso attore, a cui avevo attribuito non più di trenta-trentacinque anni, è l'ultrasettantenne Nakamura Kichiemon, Tesoro nazionale vivente: un appellativo che i giapponesi riservano alle personalità che si contraddistinguono per la diffusione della loro cultura; solitamente è riservato a musicisti, attori e artisti in generale.

Mezz'ora dopo entriamo in un *izakaya* lì vicino e Kichiemon in persona, che fino a qualche minuto prima recitava su un palcoscenico lontano chilometri, ad almeno un universo da noi, è seduto a distanza di qualche metro. Dismessi il trucco, gli abiti di scena e la parrucca, ha l'aria di uno Sean Connery nipponico, di un gentiluomo poco più che quarantenne capace di disarmarti col più impercettibile dei sorrisi.

Lo scorrere del tempo acquista per noi valenze del tutto diverse a seconda del periodo della vita in cui ci troviamo. Quando siamo bambini osserviamo affascinati il mondo degli adulti e i loro privilegi. Esistono infatti cose che sono permesse solo superata una certa soglia di età, a cui guardiamo con desiderio lungo il corso dell'infanzia e dell'adolescenza. Il caffè, le parolacce, il vino a tavola, l'indipendenza: tutto fa parte del pacchetto "età adulta". Le poche volte in cui ci siamo spinti a confessare la smania di accelerare il tempo e di raggiungere lo stato in cui tutto è permesso, non mancava mai chi rimproverava la nostra ingenuità: «Vedrai come rimpiangerai tutto questo!». Oggi forse quella voce della verità siamo diventati noi stessi, come se il passaggio di testimone al momento di varcare i cancelli della maturità fosse un evento obbligato.

La nostra visione del tempo è destinata a cambiare sostanzialmente in due dei momenti che fanno parte della vita di ogni essere umano: quando prendiamo atto di essere diventati adulti e quando ci accorgiamo che i nostri genitori sono diventati vecchi. Entrambi segnano un periodo di svolta per la nostra esistenza, caricando il nostro bagaglio di nuove responsabilità fino ad allora sconosciute. Il nostro sguardo nei confronti della vita stessa cambia, lasciandoci spesso spaesati e senza punti di riferimento.

Una volta divenuti adulti responsabili, il tempo perde quella sua connotazione di attesa ottimista, e forse fin troppo innocente, per riempirsi di rimorsi e rimpianti. È proprio allora che vorremmo poterne cambiare il corso, far scorrere indietro le lancette con un dito. Purtroppo questo è ben al di là delle nostre possibilità e nonostante la letteratura e il cinema siano costellati di macchine del tempo, ancora nessuno è riuscito a inventarne una.

È indubbio che lo scorrere del tempo ci affascina. Gli incastri perfetti degli ingranaggi di un orologio, il lento movimento di un pendolo, il suono del cucù allo scoccare di ogni ora, persino i modi più antichi per misurarlo nascondono quel mistero che ci attrae: la sabbia che scorre dentro la clessidra, i calcoli matematici necessari alla realizzazione di una meridiana. Che dire poi delle coincidenze, del trovarsi nel posto giusto al momento giusto? Questa sorta di misticismo e magia del tempo è così radicata nella nostra cultura che nemmeno ce ne accorgiamo.

Il tempo è però anche il nostro più grande nemico. Sfuggendo completamente al nostro controllo, ci costringe a trovare delle modalità per imbrigliarlo e non soccombergli totalmente. Ecco quindi che ci appare disdicevole mostrare i segni più visibili della sua presenza, come le rughe o i capelli bianchi, perciò abbiamo inventato i modi più disparati per camuffarli. Giocare a nascondino non è però un metodo efficace per sfuggire alla realtà. Riuscire a fermare il tempo è una delle ossessioni che da sempre fa parte dell'essere umano e della sua storia; i monumenti, le statue, le tombe, l'arte stessa, non sono altro che simboli perenni dell'ineluttabilità del tempo e tentativi di resistergli, di sopravvivergli. A differenza loro, però, noi non siamo immortali.

Mentre ci ritroviamo a pensare ad alta voce, Toshio mi fa notare che il tempo porta con sé il concetto di morte, la fine della clessidra. A questo aspetto ci ritroviamo a pensare solo in età adulta, quando i pensieri si incupiscono e il terrore di non aver realizzato i nostri progetti diventa concreto. L'altra faccia della medaglia, più positiva e ricca di speranza, è il nostro attaccamento alla vita. Nella volontà di vivere il più possibile è custodita la scintilla di tutta la nostra esistenza. Perché siamo così ossessionati dalla longevità? Il desiderio di lasciare un'impronta, di rimanere più a lungo a fianco dei nostri cari, di non perdere ciò che abbiamo guadagnato con fatica, è il motivo per cui vogliamo resistere al tempo.

Sentiamo spesso parlare dell'indicatore di speranza di vita, nascondendoci dietro a cifre e dati che per la maggior parte di noi significano poco. Sappiamo bene di non avere alcuna abilità nel prevedere ciò che ci riserverà il futuro. Anche per questo ci fidiamo ciecamente di ciò che può allungarci l'esistenza, che sia un super ingrediente da bere prima di ogni pasto o una formula magica derivata da chissà quale antica civiltà. Oggi qualsiasi rivista è ricca di consigli di questo genere, come se l'elisir di lunga vita potesse davvero celarsi dietro a una sola cosa, un bottone da schiacciare che come d'incanto aggiunge anni in più al nostro calendario originale. Così semplice forse non è, ma esistono delle buone abitudini che possono aiutarci sia ad accettare lo scorrere del tempo sia a vivere in modo più equilibrato il tempo che abbiamo a disposizione.

In Giappone questo insieme di principi e pratiche può essere riassunto nella parola *hanasaki*, che letteralmente significa "fiore che sboccia" e porta con sé il significato di mettere a frutto ciò che ci viene dato. Un fiore infatti non raggiungerà mai il suo massimo splendore se si limita a rimanere un bocciolo per tutto il corso della propria esistenza, così come non potrà mai offrire tutte le meravigliose sfumature della sua corolla se rimane per sempre aperto a metà e poi appassisce.

Dobbiamo quindi diventare la migliore versione di noi stessi e per farlo sono necessari alcuni accorgimenti.

Le buone abitudini da seguire: dall'alimentazione allo stile di vita

Toshio mi racconta che proprio qui, nella terra del Sol Levante, esiste un arcipelago famoso in tutto il mondo per il numero di centenari che vi abitano: Okinawa. Sono in molti a chiedersi perché tante persone così longeve siano concentrate in un'area ristretta, ma è difficile individuare punti in comune nelle loro vite. Sicuramente la genetica fa la sua parte in questa strana coincidenza, ma non può essere l'unica ragione.

Il mio amico, sempre attento all'attualità e appassionato a tutto ciò che è avvolto da un alone di mistero, dice che la spiegazione che si sono dati i ricercatori è che si tratti di un insieme di fattori e principi comuni.

L'alimentazione è uno dei primi aspetti analizzati, forse anche perché è più semplice ricevere risposte precise da un elemento così concreto. Siamo abituati a pensare che una dieta quasi ascetica, senza concessioni ai piaceri della gola, conduca naturalmente a uno stile di vita sano. Quello che è emerso però è che la moderazione accomuna sì gli abitanti di Okinawa, ma qualche sgarro alla regola a volte è concesso. L'alimentazione giapponese è di per sé più salutare di quella occidentale, meno grassa e più basata sul consumo di verdure e pesce. Anche la soia è molto utilizzata in tutte le sue forme. La cucina tradizionale include poi grandi quantità di riso, più leggero della pasta, che è infatti l'ingrediente più comune nei pasti dei centenari. Eppure molti di loro hanno confessato di avere una passione per il cioccolato o il vino rosso, che consumano in quantità moderate e solo quanto ne sentono veramente il desiderio. In questo modo prolungano anche il piacere che un cibo gustoso apporta nella dieta di tutti i giorni.

Un'altra similitudine che è stata riscontrata dalle ricerche ha a che fare con la scansione oraria dei pasti. Avere un'ora precisa in cui consumare il cibo conduce a una vita più ordinata sotto molti aspetti. Il nostro corpo si abitua alla fame e alla sazietà, senza essere scombussolato continuamente. Con l'avanzare dell'età questa pratica acquista sempre più rilevanza.

A proposito della sazietà, invece, molti centenari di Okinawa hanno sottolineato l'importanza del non sentirsi mai del tutto pieni. Ciò sarebbe infatti solo uno sforzo inutile per il loro corpo, poiché la digestione utilizza molte energie che sono invece necessarie a svolgere altre mansioni. La filosofia del "mai del tutto sazio" è adottata in molti ambiti del vivere quotidiano dagli abitanti di quest'isola. Il corpo ha bisogno di spazio. L'eliminazione del superfluo è un altro dei punti chiave di una vita serena.

Lo stile essenziale si riflette anche all'interno delle loro case. Tutto ha una funzione precisa, non esistono orpelli. In generale il Giappone è un posto dove probabilmente il barocco non avrebbe mai trovato modo di esprimersi. Accumulare non fa bene alla nostra vita. Spesso ci ritroviamo sepolti da oggetti che abbiamo scordato di avere o che non funzionano più, pezzi di ricambio che pensavamo di poter utilizzare in qualche modo e che creano invece solo disordine. Ammettiamolo: ognuno di noi ha in casa il cassetto delle cianfrusaglie. Per i giapponesi questo è un impedimento al benessere fisico, un ostacolo che non ha motivo di esistere. Purifichiamo la nostra casa da ciò che è inutile o che lo è diventato con il tempo. I vestiti non più adatti al nostro corpo o al nostro stile sono la prima cosa su cui concentrarsi. Perché tenere nell'armadio un abito che abbiamo indossato una sola volta e che probabilmente non metteremo mai più? L'attaccamento agli oggetti è deleterio per la nostra felicità. Le cose materiali non devono diventare il rifugio dei ricordi, ma devono servire alla nostra quotidianità. Certamente ci sono delle culture dove è più facile mettere in pratica questa filosofia, perché per la loro storia sono più orientate al minimalismo, ma nulla ci vieta di apprenderla a piccoli passi anche nel nostro mondo dominato dal consumismo.

Se quindi concretamente ci viene suggerito di liberarci degli oggetti inutili, questo principio è ancora più importante per la nostra mente, che deve essere sgombra da ogni pensiero inessenziale. Per i centenari di Okinawa ciò si rivela di grande importanza. Una mente pulita e rischiarata è necessaria per vivere pienamente ogni giorno della nostra esistenza. Questo non vuol dire che non ci sia spazio per arrabbiature o pensieri futili, ma devono essere transitori e una volta passati non devono lasciare traccia. Dobbiamo cercare di non appesantire il nostro intelletto, così come il nostro stomaco, con nutrimenti che non sono salutari per lui, ma che rischiano di depositarsi e mettere radici come piante infestanti.

È importante imparare a liberarci delle preoccupazioni e delle sofferenze che provocano uno stress continuativo che il nostro corpo e la nostra mente faticano a sopportare. Certo, in astratto è facile individuare quali siano questi pensieri malsani da estirpare, ma come possiamo fare per eliminarli concretamente?

Prima di tutto abbiamo bisogno di silenzio. Il silenzio è essenziale per operare questo esercizio di immersione in noi stessi, per scoprire le nostre zone d'ombra.

Il conseguimento dell'armonia nella società giapponese scaturisce spesso da una situazione di assoluta eliminazione dei suoni esterni; questo perché a volte persino le parole possono rivelarsi superflue. Anche quando i giapponesi le utilizzano, esse sono scelte, essenziali e ben soppesate, basti pensare alla poesia *haiku*. La contemplazione, del bello come del brutto, necessita di tranquillità; solo al raggiungimento della pace interiore è possibile la meditazione. In Occidente tendiamo a sottovalutarne il potenziale, poiché non siamo mai stati abituati a inserirla nella nostra quotidianità, ma molti studi hanno dimostrato come l'esercizio dello spirito si ripercuota positivamente anche sulla longevità.

L'obiettivo della pratica meditativa è l'osservazione di se stessi attraverso la riflessione, come se avessimo a disposizione uno specchio che ci rende possibile guardare al nostro interno. Ciò a sua volta ci permette di prendere il controllo sui nostri pensieri, di guidare l'intelletto verso il presente anziché lasciarlo rimuginare sul passato. Il corpo, somatizzando ciò che la nostra mente produce, ne risente positivamente, ampliando la sensazione di benessere. Esistono molte tecniche per praticare la meditazione, ma non bisogna limitarsi a seguire ordinatamente le regole che esse impongono: è fondamentale individuare ciò che funziona per noi. Possiamo trovarci a nostro agio a meditare sul balcone o nel parcheggio di un supermercato, di mattina così come a notte inoltrata, non esiste un unico modo. Mettiamo anche in conto che ci potrebbe servire del tempo prima di constatare la sua efficacia, ma come ben sappiamo nulla ci viene regalato senza fatica.

Cosa fare quindi quando siamo finalmente riusciti ad avere la mente sgombra dalla negatività? Il consiglio che sembrano suggerirci i centenari di Okinawa, Nakamura Kichiemon e la pratica dell'*hanasaki* è quello di nutrirla di alimenti positivi. Uno dei doni più preziosi che possiamo infatti ricevere dalla meditazione è la consapevolezza della bontà, e di conseguenza della cattiveria, di ciò che ci circonda. Un fiore per sbocciare ha bisogno di terreno favorevole, di cure e della giusta luce. Così, per raggiungere l'*hanasaki*, la completa apertura della corolla della nostra vita, è necessario impegnarci a fondo nel ricreare le giuste condizioni.

In questo il miglioramento del terreno su cui poggiare le nostre radici è fondamentale. È proprio qui che ci viene in aiuto il concetto di *kaizen*, di cui abbiamo già parlato e che sta a indicare un miglioramento continuo, lento e costante, che necessita di tempo. Il *kaizen* non presuppone alcuno stravolgimento, non prevede una tabula rasa di quello che siamo, ma al contrario permette di focalizzarsi su ciò che già esiste.

Fortunatamente, a differenza dei bruchi (che per crescere in meglio hanno bisogno di sacrificarsi e lasciare il posto a splendide farfalle), noi possiamo lavorare su noi stessi senza doverci chiudere in un bozzolo. Per farlo abbiamo prima però bisogno di condurre un'analisi approfondita del nostro carattere, dei nostri punti di forza e di debolezza.

Questo ci consente di non stravolgere quello che siamo nel profondo, bensì di procedere a piccoli passi verso l'accrescimento della nostra anima. Evitiamo di forzare ciò che non siamo, di voler diventare velocisti se siamo corridori con molta resistenza o di comprare l'attrezzatura per l'arrampicata in vetta se sappiamo di essere portati per il nuoto: mettiamo a frutto i nostri pregi.

Ciò non significa insistere solo sulle capacità che sappiamo già di possedere, ma anzi ci insegna a non arrenderci davanti agli ostacoli e a essere consapevoli delle nostre qualità, sia che la soluzione ci venga naturale sia che dobbiamo faticare un po' per superare i nostri limiti.

Mantenere una mente giovane

La curiosità, continua Toshio, è un altro fattore di grande importanza nel mantenimento di una mente attiva. Esplorare percorsi non ancora battuti, imparare una nuova tecnica artistica, acquisire nuove competenze, sono tutti aspetti fondamentali per allungare la nostra vita. Non sprechiamo tempo in attività futili, di cui già conosciamo i meccanismi e il punto di arrivo; il rischio è infatti quello di intorpidire il nostro cervello, che deve invece conoscere ogni giorno nuove scorciatoie per sfuggire alla monotonia. Non è mai troppo tardi per fare qualcosa per la prima volta. Spesso ci dimentichiamo del benessere fisico che proviamo nel riuscire a svolgere un'azione che non avevamo mai nemmeno preso in considerazione. La soddisfazione personale nel riuscire fa bene alla mente. Per questo motivo è bene non sottovalutare il nostro potenziale, anche quando non siamo più giovani, anzi forse proprio in quel momento: possiamo insegnare qualcosa ai nostri figli e ai nostri nipoti, qualcosa che solo noi siamo in grado di fare o che ci viene bene. Ne trarremo infinita gratificazione. Quando siamo felici, impariamo a comunicarlo, impariamo a farci caso; ciò gioverà a noi e a chi ci sta intorno. Non a caso l'amore e l'affetto sono due termini che ricorrono molto spesso nei racconti dei centenari.

Come abbiamo già ricordato, l'*hanasaki* è anche influenzato da fattori ambientali. La connessione con la natura è ritenuta di fondamentale importanza per vivere più a lungo. Sicuramente questo esercizio è più facile per gli abitanti di Okinawa, circondati da un mare che assume decine di sfumature di blu diverse e immersi nel verde rigoglioso di tutta la costa. Anche se ci troviamo in città, possiamo esplorare lo spazio "naturale" che ci circonda, influenzando positivamente il nostro senso di appartenenza al mondo, a quel disegno maestoso che è l'universo, prendendo coscienza del nostro farne parte.

Le nostre metropoli non certo sono progettate per questo, e anzi siamo abituati a vederle come luoghi frenetici disegnati per il lavoro, un'attività che siamo abituati a considerare logorante, con un influsso negativo sul nostro benessere. Per questa ragione potremmo ipotizzare che tutti i centenari di Okinawa, o almeno la maggior parte, abbiano smesso di lavorare molto presto o che la loro professione non abbia mai richiesto loro sforzi incredibili. Dalle interviste possiamo però ricavare informazioni diverse. Molti di loro, una volta terminata l'attività lavorativa, hanno deciso di reinventarsi assecondando ciò che li rendeva felici. Qualcuno ha iniziato a fotografare per hobby e ha deciso di farne un secondo impiego, qualcun altro invece ha continuato a svolgere la professione di sempre rallentando il ritmo. Il loro è un cambiamento radicale del punto di vista che può insegnarci molto.

Il corpo che abitiamo

Infine è necessario convivere in armonia con il proprio corpo. La forza fisica acquista ancora più importanza con l'aumentare delle candeline da soffiare sulla torta. Un corpo forte è un corpo che non teme la fragilità né le sue conseguenze, che siano fratture ossee o cadute inaspettate. L'allenamento muscolare deve quindi essere inserito nelle buone pratiche che ci permettono di mantenerci in salute e vivere più a lungo, raggiungendo l'*hanasaki*. Così come per la mente, è necessario un'esercizio fisico costante.

In Giappone esiste persino un appuntamento a orario fisso, diffuso in tutta la nazione, per mantenersi in forma. *Radio taisō*, letteralmente "ginnastica alla radio", è il nome del programma che viene trasmesso alla radio tutti i giorni dal 1928. La fama di questo programma di esercizi deriva dal fatto che è stato progettato affinché chiunque, a qualsiasi età, sia in grado di farlo da solo, senza necessità di attrezzatura. Tutti, dai bambini agli anziani, possono partecipare, e ci sono anche versioni che si possono fare da seduti per coloro che hanno più difficoltà a muoversi.

Oltre a migliorare la tonicità muscolare, questi esercizi alla portata di tutti fungono da collante tra generazioni e spesso vengono addirittura svolti in gruppo. *Radio taisō* è utilizzato anche nelle scuole come riscaldamento per le lezioni di educazione fisica e durante le giornate sportive o in alcune aziende come metodo per alzare il morale e costruire il senso di unità del gruppo, oltre che per aumentare i livelli di energia e favorire il benessere.

Praticare uno sport, anche il più leggero, ci permette inoltre di coltivare relazioni con chi, come noi, è deciso a mantenere sano il proprio corpo. Non è necessario che sia uno sport di squadra: anche correndo o praticando yoga veniamo in contatto con molte persone. Avere qualcuno con cui condividere il nostro tempo e le nostre passioni ci rende più tenaci. Anche la memoria, l'immaginazione e il buon umore vengono stimolati dallo stare in compagnia. La solitudine forzata è invece nemica del nostro cervello; grazie agli altri impariamo a guardare al di fuori di quel piccolo spazio che occupiamo.

Come i *sakura*, siamo destinati a sfiorire e a cadere dal ramo che ci ha generato. Sappiamo che lo scorrere delle stagioni ci metterà a dura prova, ma possiamo reagire e attrezzarci con i giusti mezzi. Nulla può garantirci la vittoria sullo scorrere inesorabile delle lancette, poiché il tempo è il nostro nemico più grande, ma dalla forza con cui ci teniamo attaccati all'albero dipende molto.

L'*hanasaki* ci aiuta forse a ricordare che l'importante non è riuscire a vivere cent'anni, ma essere felici durante il periodo che ci è concesso di trascorrere sul nostro ramoscello.

11

恋の予感
Koi no yokan

L'ineluttabilità dell'amore

恋の予感
Koi no yokan

L'ineluttabilità dell'amore

Heian-Jingu
35°00′55.6″N 135°46′57.0″E

Con Toshio facciamo lunghe passeggiate, esplorando parchi, santuari, pranzando affidandoci all'*omakase*, ossia lasciando allo chef la scelta sulle pietanze da servirci, una pratica divertente per scoprire i segreti del cibo giapponese. Lui racconta senza sosta, io ascolto affascinata. Siamo all'Heian-Jingu, non certo uno dei templi più antichi di Kyoto, e neppure uno dei più belli, ma uno dei più popolari nel periodo dell'*hanami*, la fioritura dei *sakura* di cui abbiamo parlato in uno dei capitoli precedenti, perché la caratteristica più straordinaria del suo giardino sacro è una particolare varietà di ciliegi scarlatti dai rami pendenti. E anche se il periodo della fioritura è ormai passato, è stato lì che per la prima volta lui ha tirato fuori quell'espressione: *koi no yokan*. Come in un *déjà-vu*, ho l'impressione di averla già sentita, masticata, digerita. Suona familiare a chi ama il Giappone, come parlare di Haruki Murakami, del Monte Fuji, di samurai e di tradizioni antiche e quasi estinte. Rimanda a questa terra come un fiore di loto, un cielo grigio o sguardi scambiati a occhi bassi su un treno, uno di quelli a forma di tubetto di dentifricio che attraversano il paese a velocità vertiginosa.

Un gelato al veleno

Koi no yokan. Mi si impiglia nella lingua, mi si insinua nella testa. Chiedo lumi al mio accompagnatore. A lui sembra incredibile che in inglese o in italiano non esista una parola per definire un concetto del genere, come se nessuno si fosse mai fermato a pensare a un modo per esprimere quest'intuizione. Come se in Occidente si andasse troppo veloci per potersene accorgere. Eppure il caso di Toshio era ancora più curioso, dato che aveva avuto quella premonizione d'amore nel momento esatto del loro primo incontro. Da lì in poi non aveva potuto fare a meno di pensarla come sua promessa sposa, anche se la loro storia era iniziata solo qualche anno più tardi. Quale sensazione di quella portata appare prima ancora di conoscerla? Provarla significa qualcosa? Ci si può fidare di una premonizione riguardante una donna o un uomo? Domande su domande mi riempiono la testa.

Noi parliamo di "innamoramento", cercandone spesso una definizione precisa, provando a inscriverlo all'interno di argini precisi. In Occidente è una cosa improvvisa – almeno secondo le canzoni –, involontaria, scomoda, irresistibile, forse a volte anche disastrosa. È stato paragonato, tra le altre cose, a un gelato al veleno. Non sembra quindi un'esperienza particolarmente piacevole.

Amore a prima vista

Eppure basta chiedere ai giapponesi, a Toshio. Quella frase, *koi no yokan*, racconta una storia molto diversa. Si traduce letteralmente come "premonizione di amore o desiderio" e si riferisce alla sensazione di quando stiamo per innamorarci di qualcuno. Non c'è certezza, nessun impegno e probabilmente nessuna consapevolezza reciproca – di certo non esplicita –, ma il sentimento c'è. Non è ancora amore, forse nemmeno desiderio: è la sensazione che queste cose siano all'orizzonte e che presto possano palesarsi.

La traduzione pigra, spiccia, è spesso "amore a prima vista", ma *koi no yokan* è molto più delicato ed elegante di così. "Amore a prima vista" (che i giapponesi traducono con *hitomebore*) è una resa condivisa: sguardi attraverso una stanza, forti emozioni che si riflettono a vicenda, una sensazione condivisa di certezza. È casualità che degenera, deflagra; non destino. È infatuazione, più animale che spirituale.

Koi no yokan invece è la sensazione, del tutto personale, di ciò che potrebbe accadere – l'altra persona coinvolta potrebbe in questa fase non sapere nulla di come ci sentiamo. È la differenza tra cogliere il più debole profumo del vento e, come abbiamo detto prima, essere avvelenati da una coppetta al gusto di fragola e fiordilatte. *Koi no yokan* percepisce il primo timido tremore di una sensazione. È soprattutto una resa alla magia del potenziale.

È trepidazione avvolta da un velo sottile di malinconia e tristezza, oltre che di anticipazione. Si ha infatti la sensazione di una consapevolezza sottile, quasi impercettibile, che diventerà un'emozione destinata a crescere e a svilupparsi nel tempo. È così gentile che si potrebbe scoprire, con uno shock, che era già lì da un po', da qualche parte, in un'area nascosta del nostro cervello, del nostro cuore, della nostra anima o chissà dove, ma senza che ce ne accorgessimo.

L'amore è un atto di fede

L'albero dai fiori rossi si distingueva per il suo splendore. Era all'epoca un esemplare famoso. I suoi rami cascavano flessuosi come quelli di un salice piangente, spandendosi tutt'intorno. Accanto all'albero, i petali sottili si sollevavano nella brezza, cadendo leggeri sul gruppo di scolarette in uniforme e ai loro piedi. Tutte osservavano lo spettacolo, riflesso nell'acqua dello stagno. Solo una, voltata di tre quarti, fissava dritta l'obiettivo di Toshio.

«*Koi no yokan.* Io quel momento l'ho fotografato, ho fotografato lei. Ci siamo incontrati quattordici anni dopo, nello stesso posto. Io ormai avevo trentotto anni, lei venticinque. Quattro mesi dopo eravamo sposati.»

Ogni volta le sue parole così appassionate, così dense d'amore, mi lasciano di stucco.

È un istante talmente impercettibile e fugace che non è assimilabile nemmeno al momento in cui ci troviamo sull'orlo di una relazione amorosa, chiedendoci se abbiamo il coraggio di intraprenderla, forse come la decisione istintiva di gettarci in mare saltando da una ripida scogliera. O piuttosto il momento in cui comprendiamo che quella scogliera esiste e che forse vorremmo salirci.

Potrebbe non portarci immediatamente all'amore e potrebbero esserci molti alti e bassi e colpi di scena. Per questo motivo *koi no yokan* è anche un sentimento malinconico. Una volta che siamo sulla scogliera, anche se per i primi attimi tremiamo nervosamente, alla fine è difficile non saltare nel mare. Ma in quel momento non c'è pressione su di noi. Potremmo voltarci e andarcene. Ed essere al sicuro. Il punto di *koi no yokan* è che non regala promesse, non ha pretese. La scelta di saltare è esclusivamente una nostra responsabilità, è letteralmente un atto di fede.

Koi no yokan: conoscere questa espressione non ci porta necessariamente a sperimentare la sensazione che descrive, ma ci aiuta a riconoscerla quando arriva. E le parole che raccontano le nostre emozioni non sono mai abbastanza.

12

断捨離
DANSHARI

L'ELOGIO DEL MINIMALISMO

断捨離
Danshari

L'elogio del minimalismo

Pachinko
35°00′12.4″N 135°45′02.2″E

Del Giappone antico ci restano templi e santuari, giardini zen e case del tè. E oggi? Nella campagna nipponica l'edificio più alto e più appariscente è invariabilmente una sala da *pachinko*. Un trionfo di luci fluorescenti tra il pop e il barocco cattura l'attenzione dei passanti, le scritte variopinte e intermittenti invitano a entrare e a sedersi ai tavoli da gioco. Un'ostentazione ricca e sfrontata che ricorda molto una futuristica Las Vegas e che è invece ben lontana dall'essenzialità nipponica che siamo abituati a conoscere.

E ancora enormi file di luci al neon, alte parecchi metri, che lampeggiano con tutti i colori dell'arcobaleno, tetti sormontati da pinnacoli luminescenti a forma di batiscafo, gorilla o disco volante e cacofonie di musiche bubblegum e suoni elettronici a volumi assordanti ne annunciano da lontano la presenza.

Questo gioco costituisce il primo settore produttivo dell'economia giapponese, prima ancora di automobili ed elettronica. È diventato lo sfogo preferito degli abitanti del paese e nessun luogo è rimasto senza.

Il *pachinko* è una sorta di gioco d'azzardo, una specie

di flipper, lungo il cui piano scorre una cascata di palline d'acciaio attraverso una serie di chiodini disposti in cerchi. Se la biglia cade in determinate buche, il giocatore guadagna punti che all'uscita può convertire in denaro contante.

Sedersi davanti a una macchina da *pachinko* è la forma moderna della meditazione. Forse perché il male non può limitarsi, semplicemente, a essere l'assenza del bene, *privatio boni*, come dice sant'Agostino, ma è dotato di un'esistenza oggettiva, palpabile.

Il paradosso della felicità

Spesso, durante le nostre passeggiate, Toshio e io chiacchieriamo di come in questo momento storico, secondo il senso comune, i beni materiali e il benessere soggettivo tendano a essere l'uno la diretta conseguenza dell'altro, e di quanto sia forse più opportuno provare a spostare il centro dell'attenzione su cosa sia davvero la felicità e da cosa derivi.

Molte ricerche nel campo della psicologia positiva hanno recentemente evidenziato che, contrariamente a quanto si possa pensare, tra i fattori che influiscono sulla percezione del benessere individuale non sono presenti il livello di ricchezza e la quantità di oggetti che si hanno in casa, mi racconta il mio inseparabile amico. Gli studi presenti nella letteratura accademica sono infatti per la maggior parte concordi nello stabilire che in media gli abitanti di paesi economicamente più deboli sono più felici rispetto ai cittadini di Stati più ricchi. In altre parole, il reddito e il potere d'acquisto sembrerebbero non condizionare la soddisfazione e la gioia dell'esistenza. Tale apparente controsenso è stato spesso indicato come il "paradosso della felicità" e prevede che all'aumento della ricchezza pro capite corrisponda una proporzionale decrescita nella percezione della soddisfazione di vita. Da questo primo concetto, quindi, risulta del tutto lecito chiedersi: appurato scientificamente che i soldi *non* fanno la felicità, da cosa deriva il benessere? Qual è la vera ricetta per essere felici? Si tratta di un interrogativo che, se pensato nel 2020, potrebbe suonare anacronistico e fuori luogo, vista l'abbondanza di oggetti e comodità di cui disponiamo. Tuttavia, per quanto possa sembrare un quesito nato in seno ai più recenti studi di psicologia positiva, nei secoli le culture di tutto il mondo hanno provato a spiegare da dove abbia origine la felicità e quali siano i fattori che la costituiscono.

A tal proposito, i due filosofi antichi Aristippo di Cirene e Aristotele si sono concentrati a lungo per dare una definizione di felicità, ma non sono mai stati concordi nel trovare un'unica soluzione, assumendo posizioni decisamente contrastanti. Se infatti il primo era un forte sostenitore della visione edonica, in base alla quale la felicità scaturisce dalla piena soddisfazione dei desideri materiali e dalla soppressione delle sofferenze, il secondo è stato uno dei fondatori della visione eudemonica, secondo cui la felicità è una condizione di appagamento dello spirito e della mente che nasce dall'attuazione delle proprie capacità, nel rafforzamento della personalità e del carattere.

Spostandoci più a oriente, è facile notare come anche la cultura filosofica e spirituale giapponese abbia sviluppato nei secoli un sistema di valori mirati a incrementare il benessere percepito dell'individuo e la soddisfazione per la propria vita. Sull'argomento si potrebbero scrivere fiumi di inchiostro, dal momento che le consuetudini previste dalla tradizione del Sol Levante puntano a coinvolgere l'individuo in tutto il periodo di permanenza sulla terra, accompagnandolo in ogni fase della sua esistenza. Questa ricerca così antica è ancora oggi viva nella cultura giapponese e, se da un lato l'attenzione viene posta sull'incontro genuino dell'uomo con la natura, l'ecologia e l'alimentazione, dall'altro è presente un'interessante ricerca su ciò che possa alleggerire l'essere umano e renderlo più libero. Si tratta dell'attenzione all'essenziale, conosciuta anche come *danshari*, un metodo che affonda le proprie radici sia nella filosofia zen giapponese sia nel minimalismo di derivazione americana.

Il labirinto degli oggetti

Il culto della semplicità è radicato da millenni nella tradizione nipponica, che ha abbracciato questo concetto per secoli, coniando il termine *wabi sabi*, di cui abbiamo già parlato. Un'espressione antichissima che permea la cultura giapponese e che descrive una condizione dello zen nella quale l'uomo vive un'esistenza serena e felice, raggiunta anche tramite il progressivo distaccamento dalle cose terrene. Non a caso la meditazione prevede una serie di tecniche ed esercizi che hanno l'obiettivo di sgombrare la mente dalle preoccupazioni derivate dai pensieri sul passato e sul futuro, affinché l'attenzione sia totalmente concentrata sul momento presente senza preconcetti. Dopo aver conquistato questa condizione di leggerezza, l'uomo può condurre la propria vita in modo autentico ed entrare in contatto con l'universo, con il tutto: per raggiungere l'universale deve necessariamente spogliare la mente del superfluo ed eliminare ciò che lo distrae e disorienta.

Con il fine di tornare a uno status primigenio dell'esistenza, l'essere umano è chiamato quindi a distanziarsi da tutto ciò che crede di possedere e a rifuggire la paura del vuoto, in quanto solo abbattendo il muro che lo separa dalla realtà potrà sentire e percepire il mondo in modo non condizionato da schemi precostituiti e imposti dalla società. La felicità non deriva dall'aggiungere ma dal sottrarre: questo è l'unico modo per percepire e vivere la propria vita pienamente.

Il minimalismo, a sua volta, benché tragga alcuni interessanti principi dalla tradizione spirituale giapponese, è un movimento artistico e sociale nato negli anni Sessanta negli Stati Uniti dalla convinzione che la cultura consumista fosse entrata a far parte del patrimonio genetico degli esseri umani, conducendoli a desiderare inconsciamente e costantemente beni tangibili. Tuttavia, secondo questa concezione, gli oggetti non sono in grado di conferire pace e serenità a chi li compra, ma solo una percezione illusoria e momentanea di appagamento, al termine del quale sopraggiungerà inevitabilmente il senso di insoddisfazione, che per essere saziato richiederà altri oggetti e poi altri ancora. E così via. Il ciclo innescato dall'acquisto compulsivo potrebbe essere potenzialmente infinito, così come potrebbe arrivare a un punto di deriva, a un *burnout*, ovvero uno stato di esaurimento psicofisico caratterizzato da una forte insofferenza esistenziale.

Questo concetto è stato ripreso in parte anche nel famoso metodo KonMari, proposto da Marie Kondo, in base al quale riordinare il caos che invade le nostre case e i nostri cassetti è un buon modo per fare ordine anche a livello interiore, allontanando tutti gli elementi che alimentano ansie e stress. Ne deriva necessariamente che la mente, intrappolata nel labirinto degli oggetti, ha bisogno di essere liberata dallo stress generato dal disordine e dal caos della realtà circostante.

Il minimalismo non è uno status che si raggiunge unicamente applicando le regole di un decalogo precostituito, bensì è un atteggiamento mentale che deve manifestarsi nel momento dell'acquisto di nuovi articoli e del riordino degli oggetti che affollano le nostre case. Scopo di tale metodo è lo sviluppo di una *forma mentis* che ci faccia focalizzare sull'essenziale, non solo per quanto riguarda l'interruzione del circolo vizioso dell'acquisto compulsivo, ma anche per guadagnare un distacco emotivo dagli oggetti di cui siamo in possesso da anni e che continuiamo a conservare perché attaccati a un ricordo ormai sbiadito con il tempo. Al contrario, per riuscire a sbarazzarci di oggetti inutili, è importante che la nostra attenzione sia completamente focalizzata sul "qui e ora", per riuscire a capire se nel momento presente abbiamo veramente bisogno di una specifica cosa. Un metodo efficace per riuscire a liberare la mente tramite il disfacimento di oggetti inutili è appunto il *danshari*, parola giapponese composta da tre *kanji*: il primo, *dan*, significa "rifiutare"; il secondo, *sha*, "gettare via"; e il terzo, *ri*, "allontanarsi" o "prendere le distanze".

Prima di mettere in pratica tale metodo, è necessaria una buona dose di coraggio e una forte motivazione, dal momento che il distacco da oggetti e abitudini della nostra routine non è mai facile né scontato.

Inoltre il *danshari* non ha come finalità solo la pulizia e il riordino della casa e degli ambienti dove viviamo, ma punta a farci entrare in un'ottica di idee in cui l'acquisto sfrenato e l'accumulo di beni non sono più una consuetudine, ma abitudini malsane da evitare con tutti noi stessi. L'obiettivo finale è il raggiungimento di una maggiore consapevolezza nel comportamento d'acquisto e nella vita quotidiana, grazie alla quale diventare consumatori più equilibrati nelle scelte e liberi dalle strategie del mercato.

Il metodo è strutturato in modo tale che, a ogni ideogramma della parola, corrisponda un'azione.

Il primo step prevede di imparare a rifiutare l'impulso di comprare nuovi prodotti, negando l'ingresso di ulteriori oggetti in casa. Si tratta di un passaggio molto difficile per svariati motivi, che originano principalmente dal fatto che viviamo in una società sempre più accecata dalla visione consumista. In merito a questo primo concetto non si possono tralasciare altre due considerazioni decisamente preoccupanti: in primo luogo, lo shopping compulsivo è in grado di sfociare in una dipendenza tanto quanto l'uso reiterato di sostanze stupefacenti; secondariamente, con il passare del tempo, nella società si è fatta sempre più largo la convinzione che ciò che definisce un individuo non è tanto il suo modo di essere o il carattere, quanto ciò che possiede. Per interrompere questo circolo vizioso – e quindi applicare attivamente il *dan*, il rifiuto – esistono alcuni modi molto efficaci, come provare a riflettere sui consumi e su quali siano le proprie abitudini d'acquisto; concentrare l'attenzione sullo smascheramento delle logiche di mercato e di marketing che influenzano la nostra psicologia; oppure stabilire un periodo di tempo in cui non si effettuano acquisti.

Toshio mi spiega poi che il secondo passo, relativo al *kanji sha*, prevede di buttare via tutti gli oggetti non necessari nella routine quotidiana. Si tratta di un momento durante il quale si potrebbe correre il rischio di cadere nello sconforto, specialmente se si hanno tante cose da selezionare. Tuttavia, basta seguire un metodo preciso e organizzato per poter procedere con ordine senza perdere la motivazione. Innanzitutto può essere utile approntare un piano di lavoro realistico, che non comprenda troppi compiti da svolgere. Quindi, per essere precisi e organizzati senza perdere passaggi lungo il percorso, è consigliabile suddividere il lavoro da fare in categorie e sottocategorie. Nella seconda parte del metodo *danshari* è inoltre importante ragionare sull'attaccamento emotivo che ci lega a un determinato oggetto. Per questo sarà utile chiederci se un bene ci faccia sentire meglio quando lo guardiamo o se ci susciti emozioni positive. Spesso e volentieri non riusciamo infatti a staccarci dagli oggetti, perché essi smuovono in noi sentimenti riconducibili al ricordo o a un'emozione che abbiamo provato in passato. È il caso di effetti personali come foto ricordo, diari o regali che abbiamo ricevuto: oggetti materiali che esercitano su di noi un vero e proprio ricatto emotivo in grado di farci tentennare nel momento della selezione e del *decluttering*. Sebbene sia difficile riuscire a distaccarsi da simili beni, è però più importante conservare un ricordo o un'emozione, piuttosto che un semplice oggetto. In ogni caso ci sono anche delle condizioni per le quali si possono tenere i regali che abbiamo ricevuto e i vecchi ricordi: in primo luogo deve essere un oggetto che ha avuto un ruolo importante nella nostra vita (non importa la dimensione, se si tratta di un oggetto per noi importante è necessario trovargli il posto giusto, come per tutti gli oggetti che abbiamo a casa); è poi essenziale che risvegli un'emozione positiva, ossia deve farci sentire bene quando lo osserviamo.

Il terzo e ultimo step del metodo *danshari* prevede il completo distacco e una presa di distanza dagli oggetti di cui siamo in possesso, seguendo il principio buddista del non attaccarsi alle cose materiali. Questo passaggio implica un allontanamento dal desiderio e dalla brama innescata dal volere a tutti i costi beni tangibili, per ridurre lo stress e vivere una vita più tranquilla e libera da trappole emotive. Se si vuole riuscire con successo nell'ultimo passaggio, è importante provare a concentrarsi su cosa sia davvero essenziale nella nostra esistenza: gli affetti, la libertà, oppure i beni materiali? Sebbene siano domande che potrebbero sembrare scontate e inutili, hanno una grandissima rilevanza nell'ultima fase del *decluttering*. Capire che la nostra vita non può essere condizionata da oggetti inanimati e focalizzata unicamente sull'accumulo compulsivo di beni materiali è infatti un passaggio che richiede fatica, affinché le nostre abitudini vengano abbandonate gradualmente e mai più ripetute.

L'attenzione all'essenziale, inoltre, trattandosi di una vera e propria *forma mentis* oltre che di un metodo, può essere applicata non solo nel riordino degli oggetti più disparati, ma anche all'interno del campo delle relazioni sociali e dell'organizzazione degli obiettivi di vita. Il *danshari* infatti, essendo un metodo di derivazione buddista zen e fortemente influenzato dalla cultura tradizionale giapponese, non è unicamente una guida step by step utile per cambiare le nostre abitudini nell'acquisto compulsivo e nel riordino, ma si propone come una filosofia di vita che ci accompagni in un'esistenza più leggera, dopo aver rimosso i fattori che generano preoccupazioni e stress. Un esempio su tutti possono essere quelle relazioni (lavorative, familiari, amorose) che a lungo andare si dimostrano dannose, poiché compromettono il nostro benessere emotivo, la nostra autostima e, nei casi più gravi, il nostro equilibrio psico-fisico.

Ecologia e moda: due mondi inconciliabili?

Come abbiamo visto, il *danshari* e la filosofia giapponese sono sostanzialmente d'accordo su una questione molto attuale e decisamente preoccupante, la stessa a cui il mio lavoro mi porta a riservare un'attenzione particolare: l'accumulo di oggetti. In alcuni casi, giusto per fare un esempio concreto, ho a che fare con clienti che acquistano smodatamente capi d'abbigliamento oppure molte più scarpe del necessario.

Ascoltando Toshio però mi sono anche resa conto che la cultura del Sol Levante è da secoli fortemente allineata con i principi ecologisti di derivazione shintoista, i quali prevedono che l'uomo sia sempre rispettoso e attento a non danneggiare il pianeta in cui vive, poiché solo entrando in contatto con il mondo naturale può accedere a un dialogo puro e intimo con lo spirito vitale che permea l'universo. Da questo punto di vista sembrerebbe quindi difficile trovare una correlazione tra shopping compulsivo, filosofia giapponese, minimalismo e salvaguardia del pianeta.

Per capire meglio, può essere utile comprendere che nella società contemporanea, per assecondare lo sfrenato desiderio generato dal consumismo, siamo portati a comprare senza una regola, accumulando montagne di oggetti nelle nostre vite. Però, se da un lato i nostri bisogni materiali sono costantemente stimolati e appagati dall'offerta del mercato, dall'altro le industrie hanno creato meccanismi economici e produttivi insostenibili, sfruttando i lavoratori, vendendo merce di scarsa qualità a basso prezzo e adottando sistemi di fabbricazione inquinanti e tossici.

Uno degli esempi più eclatanti riguarda il *fast fashion*, conosciuto anche come "moda usa e getta", un metodo di produzione nato negli anni Ottanta che aveva come scopo la vendita di capi d'abbigliamento ispirati all'alta moda, ma a prezzi contenuti. Con il passare del tempo si è creato però un circolo vizioso, in base al quale le case produttrici lanciano costantemente sul mercato collezioni e capi d'abbigliamento a prezzi irrisori e i consumatori, avvertendo un bisogno indotto di possedere la merce, sono continuamente spronati ad acquistare sempre più prodotti. Il rovescio della medaglia è quanto mai evidente: il *fast fashion* è diventato nel tempo una delle maggiori cause di inquinamento ambientale e i dipendenti delle aziende produttrici si trovano a dover lavorare in condizioni disumane, spesso con stipendi per niente dignitosi.

Si tratta di un sistema molto pericoloso, che è presente non solo nel mondo dell'abbigliamento e di cui in parte sono responsabili anche i consumatori. La tradizione giapponese, con il proverbio *yasui mono kai no zeni ushinai*, ovvero "pagare poco equivale a buttare via il denaro", non lascia spazio al dubbio in questo contesto. Infatti acquistare merce a basso prezzo non solo sottintende una scarsa tutela dei lavoratori, una qualità infima delle materie prime e probabilmente un metodo produttivo inquinante, ma equivale anche a una spesa insensata, dal momento che, trattandosi di oggetti esposti a un facile deterioramento, nel giro di poco tempo si dovrà comprare un altro prodotto di prezzo equivalente o superiore, spendendo ulteriore denaro. In ogni caso, preferire oggetti di alta qualità non è sufficiente, bisogna anche conservarli con rispetto, eseguendo un'attenta manutenzione di tanto in tanto. Per tutti questi motivi è molto meglio comprare meno e preferire l'alta qualità, affinché il pianeta non sia danneggiato, gli artigiani e i lavoratori siano pagati equamente e il prodotto finale sia resistente, piacevole e di buona fattura.

Un altro aspetto interessante che ha a che fare con la visione ambientalista della cultura giapponese si intreccia con il riciclo e il riutilizzo di oggetti e abiti che abbiamo scartato. Infatti, se ci liberiamo attraverso il riordino di beni che non hanno più alcun senso nella nostra vita, qualcuno potrebbe trovare utile ciò che abbiamo scartato. Con questa semplice constatazione non si può fare a meno di parlare di *second hand*, ossia mercato dell'usato e del vintage, che sono due dei canali privilegiati per comprare in modo consapevole e uscire dalle logiche di mercato contemporanee. Acquistando prodotti di seconda mano sceglieremo in modo consapevole di interrompere il circolo vizioso imposto dalle grandi case produttrici, che è in grado di influenzare negativamente le nostre abitudini d'acquisto.

Sempre nell'ottica della semplicità e della riduzione degli sprechi, il minimalismo di derivazione giapponese stabilisce che sia preferibile spendere denaro per un servizio, piuttosto che per comprare un oggetto da accumulare. Se per esempio abbiamo a disposizione dei soldi per appagare un nostro personale desiderio, sarà preferibile investirli in qualcosa di immateriale, come un'esperienza, un biglietto teatrale o un trattamento in una spa. Comprando un servizio siamo infatti soddisfatti del nostro acquisto in quel preciso istante e soprattutto consegniamo il denaro direttamente nelle mani di chi lo realizza. Al contrario, nel momento in cui compriamo un bene tangibile da una multinazionale, come un capo d'abbigliamento o un mobile, non sappiamo con estrema chiarezza come verranno suddivisi effettivamente i soldi. Quindi semplificare e diminuire gli oggetti che affollano le nostre case, i nostri armadi e i nostri cassetti non è solo un modo per disfarci di ciò che crea disordine a livello materiale, ma è anche un metodo per abituare la mente a uscire dagli schemi imposti dal consumismo.

Tuttavia, per mettere in pratica il *danshari*, essendo una tecnica che coinvolge il nostro intelletto e non solo l'atto pratico del riordino, serve una forte motivazione: sia per procedere in tutte le fasi del metodo sia per imparare e rifondare sane abitudini nel consumo, nell'acquisto di beni materiali, nella selezione dei rapporti sociali e nella pianificazione degli obiettivi di vita. Senza contare la componente ambientalista della cultura giapponese, che derivando da un'antichissima tradizione spirituale permea profondamente tutti gli aspetti della vita dell'individuo indicandogli la via più adatta per entrare in contatto con le divinità.

Il *danshari* quindi, pur sembrando in apparenza una tecnica relativamente semplice, affonda le radici tanto in una tradizione spirituale mutuata dalla filosofia zen quanto nel minimalismo di derivazione americana e può essere praticato perseguendo diversi scopi. L'importante è che sia ferma in noi la consapevolezza che le nostre abitudini debbano essere cambiate. Per riuscire in questo scopo sono necessari un vivo interesse per la materia e una forte motivazione.

In conclusione, è evidente che i vantaggi derivati dall'applicazione del metodo *danshari* sono molteplici e vanno dal risparmio economico alla liberazione da relazioni tossiche, fino al dedicare la giusta attenzione e di conseguenza il giusto spazio agli oggetti che compriamo, passando per l'acquisizione di una maggiore consapevolezza nel comportamento d'acquisto e nelle fasi del processo produttivo dei più svariati beni materiali.

13

生き甲斐
Ikigai

La ragione per cui alzarsi al mattino

生き甲斐
Ikigai
La ragione per cui alzarsi al mattino

Byodo-in
34°53'21.5"N 135°48'27.7"E

Dopo tutte le meraviglie con cui mi sono riempita gli occhi in queste giornate a Kyoto, fatico a credere alle parole dei miei amici giapponesi, quando mi promettono una gita assolutamente fuori dal comune, lontana dai principali itinerari turistici, che mi lascerà assolutamente a bocca aperta.

Destinazione Uji, cittadina qualche chilometro a sud, nota principalmente per essere uno dei maggiori centri di coltivazione del tè matcha. Ma noi ci andiamo per il Byodo-in, il Padiglione della fenice, costruito all'apice del periodo Heian come residenza di campagna di Minamoto no Shigenobu e in seguito acquistato da uno dei membri della famiglia Fujiwara; è uno dei pochissimi templi di quel periodo sopravvissuti in Giappone. Il suo disegno è unico: c'è una sala centrale, ai cui lati si aprono due ali con gli spioventi rialzati, di fronte a un lago. L'edificio ricorda una fenice che si posa sull'acqua: ecco spiegato il nome. È una meravigliosa anomalia, una bolla, un regno di cui oggi sappiamo poco o nulla: il mondo degli aristocratici Heian, un'epoca della storia giapponese che oscilla tra il VIII e il

XII secolo e che rappresenta una vera età d'oro per il paese nipponico, poiché fu molto ricco dal punto di vista letterario e culturale.

Byodo-in è un tempio solo in parte. Lo è la sala centrale, che ospita Amida, il Buddha del Paradiso Occidentale. Ma il resto della costruzione è in apparenza privo di utilità. Dal fondo della sala principale parte un edificio che corrisponde alla coda della fenice; oltre a ciò non sembra avere alcuna funzione. Guardando le ali che si allargano sui due lati del corpo centrale, si nota che il pianoterra non è altro che un alto colonnato. Anche il livello superiore è a cielo aperto, privo di pareti e di porte scorrevoli. I listelli sono più bassi dell'altezza media di una persona e questo rende disagevole perfino entrarvi. Riesce difficile supporre a cosa potesse servire il piano superiore: immagino un'orchestra intenta a suonare da lassù, mentre i notabili andavano in barca sul lago.

Byodo-in è una perfetta follia, nata dal capriccio dell'aristocrazia Heian. Nelle successive ere, in un Giappone governato rigidamente dai condottieri militari, frivolezze simili erano praticamente inconcepibili.

Questo è uno dei rari luoghi del paese in cui si respira l'aria della libertà. Osservandolo si avverte una sensazione di leggerezza, un desiderio di volare in alto assieme alla fenice. E questo mi sembra un meraviglioso motivo per alzarsi al mattino.

Riconoscere il nostro ruolo nel mondo

Spesso sottovalutiamo l'importanza delle cose che ci circondano e l'influenza che possono avere nella nostra vita. Io cerco di non farlo mai. Se un oggetto si trova in casa mia, significa che ci deve essere, che c'è un motivo per cui l'ho tenuto. Nel mio lavoro mi trovo a maneggiare migliaia di oggetti e ogni volta spingo i miei clienti a porsi la fatidica domanda: questa cosa mi serve? Mi rende felice?

È un procedimento lento e faticoso, ma essenziale: dobbiamo imparare a trattenere solo ciò che ci rende felici e a liberarci del resto. Si tratta di un concetto molto semplice, ma non sempre facile da mettere in pratica, che richiede costanza e chiarezza.

Come abbiamo già visto, dobbiamo procedere prima di tutto con il *decluttering*. In questa fase si sviluppa un vero e proprio confronto con noi stessi, perché cerchiamo di capire cosa ha valore e cosa no, di visualizzare ciò che porta gioia nella nostra vita e ciò che invece se ne sta lì, sullo scaffale, a prendere polvere e a farsi corrodere dal tempo. Io lo faccio riordinando le case e gli armadi, disponendo accuratamente le magliette all'interno dei cassetti, tutte ripiegate su loro stesse in modo che basti una rapida occhiata per vederne la stampa e scegliere quella preferita senza spostare le altre di un centimetro. Cerco l'incastro perfetto, per far sì che ogni oggetto ricavi il proprio spazio, ma senza essere ingombrante, con naturalezza. Solo attraverso il *decluttering* e il confronto riusciremo a fare ordine. Questo dovrebbe essere l'obiettivo primario da perseguire nel mettere in ordine non solo i nostri armadi, ma anche la nostra vita: dovremmo essere in grado di riequilibrare i nostri spazi e trovare il nostro posto nel mondo.

La cultura nipponica ha sviluppato un concetto che condensa questa idea: l'*ikigai*. Creare uno spazio armonioso in cui vivere in casa corrisponde a trovare il nostro *ikigai*.

Ne abbiamo già parlato in una tappa precedente del nostro viaggio, ma è un principio che vale la pena di approfondire. Questa parola, come spesso accade, non ha una traduzione letterale. Anche darne una definizione univoca risulta complesso: a *iki*, cioè "vivere", si accompagna *gai*, cioè "senso" o "scopo". Ma *gai* può voler dire anche "ragione", per cui spesso si parla dell'*ikigai* come della "ragione di vita". Questa definizione rischia però di essere limitante, perché *ikigai* significa anche riconoscere il proprio ruolo nel mondo e imparare a vivere con un costante senso di soddisfazione e di appagamento. A ciò si accompagna una forte autorealizzazione, la sensazione di sentirsi vivi, l'avere dei progetti e il trovare una ragione che ci spinga ad alzarci dal letto la mattina con entusiasmo.

"Entusiasmo" è una delle parole chiave, perché l'*ikigai* ci esorta ad assumere un atteggiamento di partecipazione totale con il mondo e ci induce ad agire sull'onda di un'incontenibile gioia e volontà, e ciò comporta, come inevitabile conseguenza, la capacità di saper trascinare anche gli altri in questa luminosa ricerca.

Ma di certo, per quanto potenti, queste poche parole non bastano per spiegare il significato profondo dell'*ikigai*, un concetto talmente radicato in Giappone da essere stato assorbito dai suoi abitanti con spontaneità, come fanno la terra arida con l'acqua delle prime piogge e le piante rigogliose e verdi con la luce del sole, che con la sua energia è anche il simbolo di questa straordinaria cultura.

Trovare il mio *ikigai* è stato come scoprirmi e conoscermi di nuovo. È stato come rinascere, come la fenice cui si ispira l'architettura del tempio Byodo-in, ritratto sulle monetine da dieci yen.

Il senso dell'ordine è per me qualcosa di innato, fa parte delle mie radici. Sono cresciuta amando il rigore e la precisione. Quando mi trovo di fronte al caos, la prima cosa che faccio è svuotare. Lentamente libero gli armadi in subbuglio e gli studi in cui si accatastano pile di documenti. Questi sono i luoghi più difficili da riordinare, perché i ricordi si accumulano e il legame emotivo con gli oggetti è forte. Ma basta poco per rendersi conto di cosa sia davvero indispensabile, è sufficiente prendersi un attimo per riflettere.

Anche per trovare il proprio *ikigai* infatti bisogna cominciare dal mettere in ordine, perché riordinare la propria casa è come sistemare la propria vita. Le persone comprano tantissimi vestiti e oggetti, per questo poi faticano a riconoscere ciò che davvero le entusiasma. Nella vita vale la stessa regola: ci si affaccenda dietro a milioni di cose e spesso si dimenticano le proprie passioni e i propri sogni. Ma, proprio come si fa con un armadio, il primo passo per trovare il nostro *ikigai* è liberare lo spazio – in questo caso la mente – e concentrarci su cosa ci rende vivi e soddisfatti e quindi merita di trovare posto tra gli scaffali della nostra esistenza.

Come capita con la propria casa, anche nella vita è importante studiare uno schema che aiuti a disporre le cose nel modo più funzionale possibile. Ma dato che ogni spazio è diverso e che ogni persona presenta attitudini differenti, ogni schema sarà un percorso individuale, una strada che bisogna percorrere da soli. Per questo un passo fondamentale per trovare il proprio *ikigai* è guardare dentro se stessi e imparare a conoscersi. A volte basta un attimo per ritrovarsi faccia a faccia con una passione che ci ha fatto battere il cuore da bambini o un sogno che non abbiamo mai avuto il coraggio di realizzare.

Passione, missione, vocazione e professione

La ricerca dell'*ikigai* è un processo spesso lungo e difficile, una profonda analisi interiore che dona una grande soddisfazione a chi riesce a portarla a termine. Nella filosofia giapponese l'*ikigai* viene reso graficamente come la perfetta coesistenza tra passione, missione, vocazione e professione, spesso rappresentate come quattro cerchi che si intersecano in un gioco continuo di curve (fig. 4).

Fig. 4

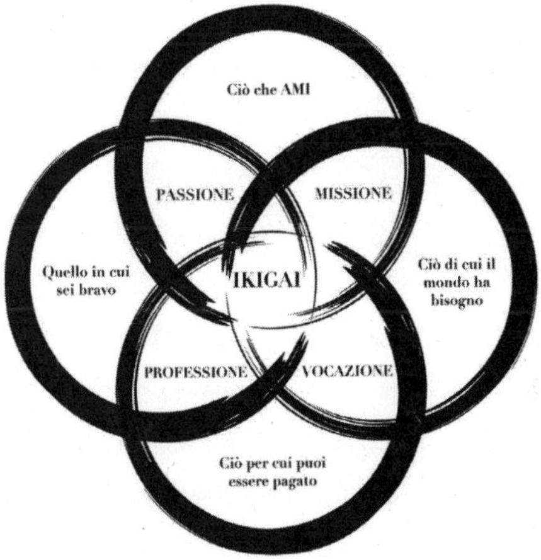

Il disegno che ne risulta non è un caso, sembra anzi creato appositamente per raffigurare alla perfezione la stretta connessione tra queste aree, che interferiscono tra loro e insieme collaborano al conseguimento dell'*ikigai*. È a questi quattro concetti che bisogna pensare quando si decide di intraprendere il proprio percorso verso l'*ikigai*.

Per prima cosa ci si deve interrogare con sincerità e calma, in modo da capire quali possano essere le proprie attitudini personali, ciò in cui si è bravi. Ma se dedicarsi a qualcosa in cui si è capaci bastasse a trovare un senso nella propria vita, allora molti potrebbero dire di avercela fatta. Invece l'*ikigai* ci invita a riflettere anche su ciò che amiamo fare, sulle esperienze che risvegliano la nostra vera natura e che ci fanno sentire vivi. Neanche raggiungere questa consapevolezza è però ancora abbastanza, perché è noto che la gioia non serva a nulla se non è condivisa. E qui arriva il dettaglio che fa la differenza: per trovare il proprio *ikigai* è necessario comprendere che cosa si può dare al mondo, quali benefici potrebbero apportare agli altri le nostre azioni. Infine, parlando in termini di soddisfazione, l'*ikigai* non dimentica di comprendere ciò che possiamo ricavare dal punto di vista economico e di gratificazione personale.

Una persona che abbia trovato il proprio *ikigai* sarà stata in grado di condensare passione, missione, vocazione e professione, e tramite la fusione di questi quattro elementi di trovare la propria ragione di vita. Un esempio pratico, per quanto essenziale, può aiutare a comprendere meglio come si possano far combaciare tali aspetti. Si pensi a un uomo che abbia sempre amato leggere e scrivere e che per questo abbia iniziato a cimentarsi nella produzione di piccoli racconti o testi. Ma nessuno scrive per se stesso, per quanto possa essere piacevole e appagante. L'uomo infatti si rende conto che le persone attorno a lui hanno iniziato a godere delle sue storie e ne ricava una gioia nuova, inattesa. Da questa semplice sensazione capisce di poter dare qualcosa al mondo, di essere in grado di regalare emozioni al suo pubblico. E per questo diventa autore di libri e fa della propria passione un lavoro. Lo scrittore sarà inevitabilmente appagato e felice e otterrà nuova energia per affrontare la vita, perché avrà trovato nella scrittura un efficace compromesso tra passione, missione, vocazione e professione. In questo caso il suo *ikigai* sarà condensato in un'unica parola: *scrivere*.

Ma non c'è da spaventarsi se non sembra esserci alcuna parola in grado di rivelare immediatamente quale sia lo scopo della nostra vita. Riordinando e facendo spazio si può fare chiarezza nella propria esistenza e riflettere su quale sia la strada che può condurci a quell'unico termine. Quello verso l'*ikigai* è infatti un percorso, volto a raggiungere uno stile di vita che ci renda costantemente attivi e soddisfatti, sempre pronti ad accogliere nuove sfide. In Giappone questa filosofia di vita è molto conosciuta e viene applicata dalla maggior parte della popolazione, che considera l'*ikigai* come imprescindibile e necessario per poter vivere una vita appagante e sempre aperta a nuovi stimoli.

Come si può raggiungere il proprio *ikigai*? Ci può volere del tempo, a volte anni, ma prima o poi ci si arriva: nella cultura giapponese l'*ikigai* è qualcosa che tutti possediamo e che possiamo alimentare.

Esistono molti esercizi per iniziare questo viaggio interiore verso la consapevolezza. Il primo passo da compiere è riconnettersi con il proprio io, prendersi del tempo per respirare e aprire il cuore e la mente. L'essenziale è lasciarsi andare, rilassarsi e dimenticare lo stress, che spesso offusca la vista e impedisce di mettere a fuoco ciò che è realmente importante. Una volta che si è entrati in contatto con se stessi, è fondamentale fissare la propria immagine allo specchio e porsi delle domande. Ci si può concentrare su ciò che c'è di bello nella nostra vita, sulle cose che ci incuriosiscono e affascinano. Ascoltare i propri desideri può essere utile per indagare dentro se stessi e ricongiungersi con i propri sogni. Non solo: i nostri sogni comunicano con il nostro inconscio e ci restituiscono immagini di noi che credevamo di avere perso e che in un attimo invece riscopriamo vivide.

Anche i ricordi sono un tesoro prezioso che ci può fornire informazioni sul nostro *ikigai*. È utile per esempio chiedersi quali siano state le esperienze per noi più significative, quelle che ci hanno resi più felici. Spesso ponendosi queste domande si può scorgere una costante, un filo rosso che attraversa la nostra vita e che ci restituisce qualcosa di essenziale, un indizio. È importante anche riflettere su ciò che ci rende felici ogni giorno, sulle cose che ci fanno alzare dal letto in anticipo la mattina, trepidanti e con la voglia di affrontare la giornata. Queste domande possono condurci a comprendere le nostre passioni, che sono terreno fertile su cui può fiorire l'*ikigai*.

Restare curiosi è fondamentale per vivere con la mente aperta, pronti a captare ogni situazione che possa accendere l'entusiasmo. È importante anche prestare attenzione alle emozioni che ci trasmettono i libri e i film che abbiamo amato e capire il perché. Insomma, ogni cosa che accende la nostra vitalità deve essere presa in considerazione, perché potrebbe essere un primo passo nel percorso che ci porta verso l'*ikigai*.

Capire cosa si ama, qual è la propria passione, è abbastanza semplice: a volte basta un nonnulla, una rispolverata tra i sogni nel cassetto. Per capire in cosa si è bravi, invece, serve autoconsapevolezza. Per questo l'*ikigai* ci spinge a riflettere sui nostri pregi e i nostri difetti. Se ci rifacciamo alla metafora dell'armadio, i punti di forza possono essere le scatole per tenere in ordine le scarpe, le magliette impilate alla perfezione, i capi organizzati sugli appendiabiti, mentre una pecca potrebbe essere rappresentata dalla difficoltà nel liberare i cassetti.

La consapevolezza dei propri pregi è un motore che dà nuova energia per la ricerca del proprio scopo. Alla passione si aggiunge la vocazione: qualcosa che siamo stati chiamati a fare. Spesso per riconoscere una vocazione basta ascoltare la propria voce interiore, altre volte invece possono aiutarci le persone che ci circondano. Uno sguardo esterno è talvolta in grado di cogliere di noi stessi qualcosa che non possiamo vedere, soprattutto se ci costa fatica o se non riusciamo veramente ad ascoltare il nostro io.

Anche per individuare la vocazione è utile riflettere sulle situazioni della nostra vita in cui siamo stati in grado di fare bene qualcosa e quel qualcosa ci ha restituito una gioia autentica. Poter trasformare il proprio hobby in lavoro è l'ideale, come accade allo scrittore che riesce a vivere scrivendo libri.

Per molti è spiazzante che un concetto spirituale come l'*ikigai* punti la propria attenzione anche sul denaro, ma basta poco per comprendere che la soddisfazione economica risulta essere una delle componenti fondamentali per la realizzazione di sé. Quando si parla della professione come uno dei quattro pilastri dell'*ikigai*, infatti, si allude proprio a un soddisfacimento a livello lavorativo. Spesso si tende a considerare il tempo dedicato al lavoro come separato dalla vita reale, come spazio sacrificabile ma necessario. Quanto sarebbe diverso poter guadagnare facendo qualcosa che si ama? Il raggiungimento del proprio scopo prevede infatti che il momento del lavoro sia fonte di ispirazione ed entusiasmo continui, e non a caso si parla dunque dell'*ikigai* come della ragione che ci spinge ad alzarci dal letto la mattina. Lavorare in questo modo significa non focalizzarsi sulla ricompensa, ma riuscire a far coincidere piacere e dovere, avere il tempo per potersi dedicare ai propri interessi.

E alla professione si accompagna la missione. L'*ikigai* non è infatti il motore di una pulsione egocentrica né una spinta a occuparsi solo dei propri interessi, bensì la ricerca di un senso della vita che possa regalare gioia anche al mondo. Ma questo punto è forse il più semplice da comprendere, perché chiunque abbia provato la straordinaria sensazione di gioia che deriva dall'*ikigai* conosce la verità: ogni nostra azione si riflette positivamente sugli altri. Chi ci circonda sarà influenzato dall'energia che il nostro *ikigai* esercita su noi stessi e sarà invogliato a compiere un analogo percorso per scoprire il proprio.

Okinawa, una comunità basata sull'*ikigai*

I benefici dell'*ikigai* sulla vita sono innegabili, e ben lo sanno gli abitanti di Okinawa, che come abbiamo già visto è un arcipelago in cui si registra il tasso di longevità più alto al mondo. A rendere famose le isole tra Giappone e Taiwan non sono state infatti le lunghe spiagge bianche, abbracciate da un mare di un azzurro intenso, quasi accecante, né la meraviglia del castello di Shuri, o del culto della natura di Sēfa-Utaki. Ad attirare l'attenzione di centinaia di studiosi e curiosi è stata piuttosto la straordinaria presenza di centenari: circa il 20 per cento degli abitanti. E l'aspettativa media di vita si attesta intorno agli 81,2 anni. Il popolo del paese del Sol Levante è infatti tra i più longevi al mondo: le donne hanno un'aspettativa di vita di circa 87 anni. Le evidenze hanno spinto medici ricercatori a indagare sulla connessione tra la condizione di salute dei giapponesi e l'*ikigai*, che per questa popolazione è all'ordine del giorno. Un noto studio condotto dalla Tohoku University di Sendai nel 2008 ha approfondito questo tema tramite un'indagine sulla mortalità e l'*ikigai* che ha coinvolto più di 40.000 adulti giapponesi tra i 40 e i 79 anni. I risultati sono stati sorprendenti: il rischio di mortalità è significativamente più alto tra i soggetti che non trovano il proprio *ikigai*.

Ciò accade non solo per l'energia positiva che l'*ikigai* è in grado di infondere, riducendo significativamente i sintomi dello stress e dell'insoddisfazione, ma anche perché la sua ricerca parte dal prendersi cura di sé. Non basta riconnettersi con la propria anima, riscoprire cosa ci può rendere felici e cosa amiamo. È anche essenziale trovare un equilibrio: mangiare sano e fare sport, lottare contro lo stress e vivere in armonia con chi ci circonda.

Per fare questo si deve prima di tutto cambiare la propria attitudine verso gli altri. Un aspetto fondamentale della nostra persona è infatti il vivere in società. Tra il Mar Cinese Orientale e l'Oceano Pacifico gli abitanti del villaggio di Ōgimi, a nord dell'isola da cui l'arcipelago di Okinawa prende il nome, credono nello *yuimaru*, lo spirito della cooperazione, uno dei pilastri del loro stile di vita: non a caso il senso di appartenenza a una comunità è una componente fondamentale dell'*ikigai*, che prevede la ricerca di qualcosa che non solo amiamo fare, ma in cui ci riconosciamo. E il nostro entusiasmo non può che contagiare gli altri, rendendoli felici e sviluppando in loro un analogo senso di appartenenza. A Okinawa c'è un senso di connessione che difficilmente si può trovare in altri luoghi sul nostro pianeta. Per questo, come già abbiamo visto, in questo paradiso terrestre quasi non esiste la pensione: chi lavora ama il proprio mestiere e continua a contribuire alla comunità fino a quando è in grado anche dopo aver cessato la propria attività lavorativa.

Il principio dello *yuimaru* prevede uno scambio reciproco tra comunità e singoli: gli abitanti di Ōgimi agiscono collettivamente per affrontare ogni situazione che lo richieda. Se il raccolto di qualcuno è scarso, per esempio, si provvederà a trovargli del cibo; per chi è in difficoltà economiche, invece, esiste un sistema chiamato *moai*, un modo per sostenersi a vicenda e affrontare insieme gli ostacoli. Dieci persone si riuniscono per raccogliere 10.000 yen a testa, istituendo un fondo di 100.000 yen da destinare a chi ne ha più bisogno. A essere spiazzante è il fatto che il *moai* è un sistema interamente volontario e rappresenta la perfetta armonia che si può trovare al conseguimento collettivo dell'*ikigai*. Non c'è alcun contratto scritto a regolare tale scambio, perché basta un accordo a voce e la gioia interiore che si ricava dal semplice fatto di aiutare qualcuno che è in difficoltà.

Anche comprendere l'importanza della gratitudine è considerato uno dei primi passi per raggiungere il proprio *ikigai*. Se si riesce ad assumerlo come atteggiamento consapevole nella quotidianità, accresce il senso di soddisfazione nella propria esistenza. La gratitudine porta ad aumentare l'empatia, a instaurare un rapporto con il mondo e a sentirsi parte di una comunità. Ci avviciniamo ulteriormente all'*ikigai* condividendo il senso della nostra esistenza con gli altri.

Al rapporto tra noi e il mondo si accompagna quello con noi stessi nel passato, nel presente e nel futuro. L'*ikigai* è infatti un viaggio continuo, un flusso di energia che non ci abbandona mai in tutta l'esistenza e ci accompagna in tutte le nostre evoluzioni. Per questo è importante ricordare che la ricerca non è mai finita, anzi, bisogna restare sempre aperti a nuove esperienze ed essere pronti a uscire dalla comfort zone per arricchire la nostra vita. Trovarci in situazioni diverse è fondamentale per scoprire noi stessi, senza però dimenticare le nostre radici. È necessario dunque non interrompere mai quella connessione con i nostri desideri a cui l'*ikigai* ci spinge: in una vita che abbraccia l'ideale dell'*ikigai* ogni cambiamento interiore è fonte di ispirazione per continuare un viaggio che non cessa mai di entusiasmare chi lo ha intrapreso.

L'*ikigai* non è solo fatto di grandi cose, di un grande sogno da realizzare o di un destino da adempiere. Può capitare infatti di non avere proprio un grande sogno o una passione bruciante, o di averne molte e non sapersi decidere tra quale sia quell'unica a cui dedicare la propria attenzione. Oppure può accadere di sentirsi felici, realizzati e appagati da piccoli gesti: una colazione lenta in compagnia di qualcuno che amiamo, un piatto ben cucinato o una conversazione che ci arricchisce. L'*ikigai* non ha per forza a che vedere con il successo, ma si può annidare nelle grandi conquiste come nei momenti più minuti, in ogni istante che possa migliorare la nostra vita e quella delle persone che ci circondano. Una volta trovato, l'*ikigai* ci accompagna con costanza in tutta l'esistenza, se siamo capaci di accoglierlo e di trovare spazio in cui farlo fiorire. Allora saremo sempre in grado di scovarlo e alimentarlo, per poterne godere appieno. Questo è un aspetto fondamentale.

Come per il mio lavoro, non c'è un percorso predefinito da seguire. Ogni persona ha le sue esigenze, ogni sfida è diversa. Così accade anche nella vita. Il tempo ci cambia continuamente e i nostri sogni continuano a rinnovarsi, dando sempre nuovo spazio a questa felice ricerca.

Il modo in cui raggiungere questo risultato non è il punto più importante; ciò che conta è perché farlo. Trovare il nostro *ikigai* può trasformare completamente la nostra esistenza, può renderci più longevi, appagati, soddisfatti. Può farci rinascere, come fa la fenice del tempio Byodo-in dalle sue ceneri che brillano d'oro.

14

幽玄
YŪGEN

IO SONO PARTE DELL'UNIVERSO

幽玄
Yūgen

Io sono parte dell'universo

Nara
34°41′59.99″N 135°49′16.19″E

Nel 1961, mi racconta Toshio, Nara Dreamland era la risposta giapponese alla leggendaria Disneyland della California meridionale, con cui condivideva molti temi e caratteristiche, inclusa la sua Main Street all'americana.

Ma non ha avuto la stessa longevità del classico dell'intrattenimento a stelle e strisce e le sue luci si sono spente per sempre nel 2006. Da allora il parco è stato invaso dalla ruggine e dalla natura, ormai insalvabile, ma è rimasto in gran parte intatto. Ciò che una volta attraeva famiglie con bambini scalpitanti ora attira coraggiosi esploratori urbani e uccelli in cerca di un luogo tranquillo dove nidificare. Il castello della Bella Addormentata, un tempo luogo di fiabe, attualmente assomiglia a un incubo infestato. Il tutto a poche centinaia di metri dal centro di Nara, antichissima capitale del Giappone, dove ancora oggi gli uomini vivono a stretto contatto con la natura. Questo parco infatti ospita oggi migliaia di cervi che girano indisturbati avvicinandosi ai turisti. Proprio quando uno di loro viene verso di noi, Toshio coglie l'occasione per raccontarmi che nello shintoismo questi splendidi animali sono considerati messaggeri degli dèi e che qui a Nara, oltre a essere diventati simbolo della città, sono ritenuti un vero e proprio tesoro naturale. Restiamo per un attimo incantati a guardarli.

«Eccolo, lo *yūgen* che trova il suo pieno compimento» mi sussurra Toshio.

Lo *yūgen* è ciò che di più lontano possa esserci dalla realtà dell'Occidente nel nostro secolo. Quello che lo *yūgen* non è sono i riflettori radenti degli studi televisivi per nascondere le rughe, il ritocco artificiale dei colori di un'alba da postare sui social, un supermercato affollato illuminato fino a tarda sera da centinaia di neon dalla luce fredda.

Il concetto filosofico che si nasconde dietro al termine *yūgen* è un pilastro fondamentale dell'estetica giapponese e allo stesso tempo è però anche quello di più difficile definizione: la sua forma infatti muta a seconda del contesto in cui viene inserito. È composto da due *kanji*: *yū*, che significa "remoto", "sotterraneo", ma anche "pacifico", e *gen*, che è invece traducibile come "indistinto", "oscuro", "indefinito".

Il vocabolo *yugen* è usato nel taoismo e nel buddismo per indicare una profondità religiosa che la mente trova difficile da percepire, nascosto nell'oscurità. Lo *yūgen* esprime la consapevolezza della non-presenza. È un concetto rivoluzionario per noi occidentali, abituati a pensare alla bellezza come presenza scenica fissa, come la perfezione messa al centro del palco con i riflettori puntati addosso.

È ancora una volta il mio esperto di cultura giapponese preferito a raccontarmi che Shōtetsu, monaco e poeta del XV secolo, sintetizza così il concetto di *yūgen*: «Lo *yūgen* può essere appreso dalla mente, ma non può essere espresso a parole. La sua qualità può essere suggerita dalla vista di una sottile nuvola che veleggia sulla luna o dalla nebbia autunnale che avvolge le foglie scarlatte sul fianco di una montagna. Se qualcuno chiedesse precisamente dove si trova lo *yūgen* in queste istantanee, sarebbe molto difficile da spiegare con l'uso del linguaggio, e non sorprende che un uomo che non capisce questa verità preferisca la vista di un cielo perfettamente limpido e senza nuvole. È del tutto impossibile spiegare dove risieda l'interesse o la natura straordinaria dello *yūgen*»[3].

È affascinante vedere come Shōtetsu sia pienamente consapevole della difficoltà dell'uomo nell'indagare il complesso mondo circostante, eppure secondo il monaco solo coloro che sperimentano lo *yūgen* sanno poi ritrovarlo in altre forme.

Luce e buio: due differenti esperienze del mondo

Per illuminare tutti i meandri del significato della parola *yūgen* è necessario partire dalla nostra idea di "bello". L'estetica in Occidente è quel ramo della filosofia che definisce la bellezza: come può essere riconosciu-

---

3 Donald Keene, *Japanese Aesthetics*, in «Philosophy East and West», 1969, vol. 19, n. 3, p. 298.

ta, accertata e giudicata, più o meno univocamente. In Giappone questa disciplina ha iniziato a diffondersi molto più tardi, solo verso la fine del XIX secolo, e se in un primo tempo è stata influenzata dai maggiori pensatori europei, nel corso di qualche decennio la cultura giapponese ne ha cambiato decisamente la direzione.

In Giappone il nuovo concetto di estetica, diversamente dalla nostra concezione astratta di questa disciplina, è fin dai suoi inizi perfettamente integrato nella vita quotidiana oltre che nel campo artistico.

Nell'arte orientale la *shizenkan-teki keisei*, ovvero la reazione umana di fronte alla bellezza della natura, è inseparabile dal momento della creazione dell'opera. Allo stesso tempo la nostra esistenza non può prescindere in alcun modo dalla natura. Siamo profondamente connessi con essa, dal momento della nascita fino alla perdita del soffio vitale. Introdurre il concetto di "reazione" implica una parte attiva nel coinvolgimento: nessuna passività è possibile nella vera esperienza del mondo che ci circonda.

Non so voi, ma io e Toshio quando camminiamo nella natura siamo sempre alla ricerca di ciò che si nasconde tra le fronde, dei piccoli insetti che strisciano nell'erba alta ma che non riusciamo a vedere, di ciò che c'è oltre la collina e di cui sappiamo di poter ammirare la bellezza solo una volta giunti un passo più avanti nel sentiero in salita.

Lo *yūgen* è la più intima delle concezioni dell'estetica giapponese, è il saper pregustare quel momento di bellezza e di comunione con ciò che è ancora nascosto e che solo uno sforzo può permettere di conoscere. È ciò che ci attrae delle lumache e dei molluschi, dei loro piccoli corpi nascosti e protetti dall'involucro straordinario, delle tane scavate nel terreno scivoloso dalle talpe, della perfezione misteriosa degli alveari e dei loro minuscoli abitanti.

Quello che possiamo vedere durante il corso della nostra vita è solo una parte infinitesimale della magnificenza di tutto il creato.

Potremmo allora definire la bellezza, secondo lo *yūgen*, come l'esercizio dell'uomo di vedere nel buio. Per allenare l'occhio e la mente a questo compito faticoso è necessaria una predisposizione nuova nello sguardo. Prima di tutto è quindi un esercizio della mente, più che del corpo. Oltre a questa forza di volontà, per scoprire i nuovi contorni dell'esistenza è necessario il tempo giusto per abituarsi a tale condizione. Adattarsi correttamente al buio è fondamentale per riuscire; ciò è possibile rendendo questa nuova visione un'abitudine.

Per quanto riguarda ciò che succede fisicamente al nostro occhio nel buio, la pupilla deve dilatarsi il più possibile per permettere alla poca luce di entrare e disegnare correttamente l'ambiente in cui si trova. Oggi però ci riesce difficile stare in una condizione di buio totale. Persino di notte nelle nostre stanze siamo circondati da piccoli led che ci comunicano che i nostri dispositivi sono correttamente collegati alla presa di corrente, mentre la luce del lampione sul marciapiede buca la tapparella come un proiettile lasciandosi alle spalle una scia lattiginosa. Ci viene costantemente ricordato da una fonte di luce che siamo al sicuro nelle quattro mura della nostra casa. Ma cosa succederebbe se svegliandoci nel cuore della notte non vedessimo più nulla? Senza alcun faro come riferimento, ci sentiremmo persi come pescatori alla deriva, distanti chilometri dal nostro porto sicuro o forse a soli pochi metri dalla salvezza. Ciò che ci paralizza però non è il non sapere la nostra personale posizione nello spazio, ma il non avere più informazioni riguardo all'ambiente esterno. Il dubbio ci fa infatti chiedere quanto siamo lontani dallo spigolo appuntito. Questa paralisi da spaesamento viene amplificata nel momento in cui non ci troviamo più in uno spazio conosciuto, bensì liberi nella natura, dove avviene il vero incontro con il concetto di *yūgen*.

Solo una volta mi è capitato di vedere l'ombra della luna. In mezzo alle montagne di un paesino sperduto nella valle ci possiamo accorgere della nostra ombra anche allo scoccare della mezzanotte. Tutti i filtri luminosi artificiali sono eliminati; solo una luna piena svela dei colori nuovi, mai visti prima, dove il blu indaco dipinge i volumi delle cose che ci circondano e assume migliaia di sfumature. È un po' come quello che si dice degli eschimesi, che conoscono innumerevoli variazioni di bianco e attribuiscono alla neve numerosi vocaboli diversi. Questa loro competenza deriva sì dalla necessità di comprendere con quale tipo di neve hanno a che fare con il passare delle stagioni, ma anche dal loro rispetto per le differenti forme che assume la natura. I cinque sensi si attivano in modo del tutto distinto, se solo gliene diamo la possibilità. Se immaginiamo i pori del nostro corpo come dei muscoli volontari in grado di percepire e assorbire dall'esterno le sensazioni, lo *yūgen* rappresenta il momento della loro massima apertura.

Ecco allora che nel cuore più buio della natura avvertiamo un verso sconosciuto provenire da lontano, forse un ghiro, il profumo della resina dei pini sul versante opposto, l'umidità dell'aria frizzante di una notte di giugno.

Un'altra fatica che lo *yūgen* richiede è il riequilibrio dei nostri sensi: l'oscurità causa il retrocedere della vista, nostro senso prediletto su cui facciamo più affidamento, attivando così gli altri quattro sensi e stimolandone le potenzialità.

Anche nel buio più totale, facendo leva sugli altri sensi, lo *yugen* è capace di attivare in noi una sensazione di stupore e meraviglia, che ci porta a prendere piena coscienza dello spazio che ci circonda (anche se non possiamo vederlo). Quando facciamo esperienza di qualcosa nel buio, infatti, non abbiamo la certezza della sua forma visuale. Un manto nero vela le informazioni ricevute, che di solito ci giungono così nitide grazie ai nostri occhi.

Siamo abituati a intendere il bello come qualcosa di utile, semplice, chiaro e preciso, che instilli in noi un senso di pace, di perfezione formale. Agli antipodi di questa concezione di bello vi è invece il deforme, l'oscuro, il diverso. Ma soltanto liberandoci di tale concezione smetteremo di pensare al buio come divoratore malvagio della luce. Lo *yūgen* è ciò che ci può aiutare a farlo, stimolando in noi un completo senso di appartenenza nei confronti dello spazio che ci circonda, un senso estremo di beatitudine. Sarà questo che ci aiuterà a leggere meglio lo spazio in cui siamo, a farci sentire completamente parte di esso.

Naturalmente non possiamo pensare di passare dallo stare sotto il sole cocente di mezzogiorno a una stanza nera con i vetri completamente impermeabili alla luce, ricevendo solo terrore e spaesamento. Bisogna piuttosto abituarsi progressivamente alla nuova visione e cercare nell'invisibile anche un solo dettaglio percepibile. Infine, fare di quel dettaglio il *quid* che porta a sentirci in totale comunione col mondo.

Le varie forme di *yūgen*

Questo ci riporta alla domanda iniziale del vero significato di "bello". In Giappone non esiste un'univoca definizione di bellezza, bensì vari modi di intenderla e di farne esperienza. Scovare i segreti della natura è uno di questi, come accorgersi delle foglie scarlatte di cui parla Shōtetsu.

Svelarne i misteri non è però sufficiente ad avvicinarsi alla sua essenza. Lo *yūgen* presuppone in realtà il rispetto e la pacifica presa di coscienza che non tutto l'ignoto può essere conosciuto. Lo *yūgen* è una bellezza delicata e fragile, è il saper riconoscere l'ultima onda prima che il vento si plachi e distenda completamente la superficie del mare.

Come è ormai chiaro, lo *yūgen* ha a che fare con la luce e di conseguenza con il buio. Per l'esattezza, si nutre di una "profonda luce" e di tutte le contraddizioni che questo accostamento di parole porta con sé. Siamo infatti più abituati ad affiancare l'aggettivo "profondo" al buio, alle tenebre, al pozzo di cui è impossibile intravedere il fondo. Quello dello *yūgen* è in realtà un buio in attesa, un buio non denso e impenetrabile, ma rarefatto e ospitale, che attende di essere esperito. Sin da quando siamo piccoli ci rassicura vedere una lucina di fianco al letto per difenderci dalla paura di cosa si può celare nell'ignoto, nell'invisibile. Quello che ci viene suggerito dall'oscurità sono di solito mostri dalle facce deformi e dagli artigli affilati pronti a sfilarci dal lenzuolo appena serrate le palpebre. Ma forse proprio qui si nasconde ciò che di più sincero esiste nella notte e che non scopriremo mai se ci ostiniamo a tenere la luce accesa. Secondo il principio dello *yūgen*, il binomio luce/ombra si priva della corrispondenza con bene/male, bello/brutto, proponendo sfumature che non sempre riusciamo a vedere nella nostra vita frenetica. Sarebbe forse tutto molto più semplice se potessimo accendere la torcia dello smartphone in ogni momento di difficoltà e insicurezza, ma lo *yūgen* non è la bellezza semplice e non concede scorciatoie.

La bellezza, secondo lo *yūgen*, è legata indissolubilmente all'oscurità e al fascino che suscita la penombra. Molti luoghi nel corso della nostra vita si prestano più di altri ad avvicinarci al vero senso di questo termine. Il buio di una soffitta o della cantina non è poi molto diverso da quello di un bosco di montagna; ciò che importa è non sprecare le possibilità che abbiamo per provare a comprendere che cosa è per noi lo *yūgen*. Solo la ricerca della giusta luce, o penombra, sarà in grado di portarci al nucleo stesso dell'animo umano. Lo *yūgen* è una visione sottile che ci permette di diventare un tutt'uno con il mondo circostante.

Toshio aggiunge che in Giappone esiste persino una forma d'arte apposita che incarna l'esperienza dell'ideale estetico dello *yūgen*: il teatro *nō*. Nato nel XIV secolo, il teatro *nō* (*kanji* che significa "abilità") è considerato uno dei più difficili a cui approcciarsi. La problematicità principale deriva dalla vaghezza che permea questa corrente artistica. I personaggi sono presentati senza caratteristiche precise e rimangono delle entità impersonali, senza una struttura complessa e definita della loro personalità, come siamo invece abituati a trovare nella commedia e nella tragedia tradizionale. Spesso sono come fantasmi e portano sul viso una maschera, unico indicatore delle loro emozioni. L'assenza di individualità è ciò che più avvicina il teatro *nō* all'universalità della natura. Questa modalità di rappresentare la realtà ben si adatta al concetto di "indefinibile" e "oscuro" di cui abbiamo parlato. Per cercare l'universale è necessaria l'immersione in una situazione sconosciuta in cui dobbiamo imparare a orientarci. Nelle rappresentazioni *nō* l'attore subisce delle trasformazioni, passa attraverso diversi personaggi; ciò serve a ricordarci che l'identità non è una struttura solida, bensì mutevole, nella nostra vita così come nel teatro. Il carattere individuale non è il senso dell'intero gioco, ma solo uno strumento attraverso il quale avere esperienza delle varie forme che la natura offre.

Lo *yūgen* è allo stesso tempo contenitore e contenuto: poiché esprime il senso di appartenenza allo spazio circostante, inevitabilmente rappresenta anche quest'ultimo, ossia tutto ciò che è intorno a noi. Cerchiamo di spiegarlo meglio: se dovessi immaginarlo visivamente, gli farei prendere le sembianze di un liquido: ha una spazialità ben definita, ma la sua forma dipende dal recipiente. La solida individualità non è importante, perché è soggetta a continui cambiamenti e trasformazioni. Ciò a cui dobbiamo guardare è il generale, l'aspecifico.

L'attore di teatro *nō* raggiunge uno stato in cui l'ego è quasi cancellato, per permettergli di mettersi totalmente a disposizione del progetto universale. Questo perché tutte le cose sono identiche nel momento in cui si svuotano del loro ego: solo allora siamo parte della natura nel suo senso più puro.

Anche lo spazio in cui si svolgono le rappresentazioni *nō* è spogliato di qualsiasi peculiarità, espediente che serve ad acuire la sensibilità dello spettatore. Non esiste scenografia, gli oggetti di scena sono completamente assenti, al movimento talvolta non corrispondono parole. Viene inoltre spesso proposta la tematica del confine tra la vita e la morte, tra l'attaccamento a questo mondo, che è fonte di sofferenza, e lo spirito liberato, che è oltre ogni limite. Il punto culminante di questa nuova presa di coscienza è scoprire che il transitorio non è qualcosa di minaccioso, bensì l'essenza di tutto ciò che esiste. Il mutevole è perciò unico fondamento dell'esistenza e come tale è fonte di bellezza e di stupore. Oltre che nel teatro *nō*, l'estetica della suggestione è presente in alcune delle forme d'arte più peculiari, come la cerimonia del tè, la poesia *haiku* e i giardini giapponesi, che ricreano ogni volta le giuste condizioni per l'esperienza *yūgen*. In uno degli *haiku* meno conosciuti di Kobayashi Issa, per esempio, torna l'immagine della luna in una notte non limpida, che già Shōtetsu aveva scomodato. Per l'autore ciò è sinonimo di casa, nel senso più generale possibile, e del raggiungimento della meta agognata dopo tanta fatica.

Dopo un lungo cammino,
ho trovato
una luna velata di nuvole[4].

La grandiosità degli *haiku*, come dello *yūgen*, è ciò che rimane di non detto, ciò che c'è al di là della superficie

---

4 Kobayashi Issa, *The Dumpling Field. Haiku of Issa*, Ohio University Press, 1991, p. 101.

delle parole scelte dall'autore. La poesia si basa sulla suggestione dei sensi e della mente e questo è un altro dei tanti modi che lo *yūgen* ha di manifestarsi.

Ciò non significa quindi che l'*haiku* e lo *yūgen* siano del tutto inspiegabili. La difficoltà di raggiungere il vero significato non presuppone un'incomunicabilità eterna e totale. Il nucleo non è avvolto da una coltre di mistero con l'intento manifesto di rimanere incomprensibile, bensì esige dal lettore un approccio diverso: lo sviluppo di una facoltà che si colloca accanto alla comprensione teorica ed è parzialmente sovrapponibile a quella sensoriale.

Un altro paragone che potremmo utilizzare per comprendere più a fondo la vera natura di *yūgen* è quello tra un dipinto meravigliosamente ricco di colori e un altro che presenta unicamente una spessa linea nera di contorno. Solo uno dei due richiede il nostro intervento come spettatori attivi. Se ci pensiamo a fondo, infatti, il primo si offre così come è stato realizzato: il rosso sarà quel rosso deciso dall'artista, il giallo sarà quel giallo, il verde sarà quel verde e così via. Quando invece non abbiamo altro che un filo nero a delimitare gli spazi sulla superficie candida, ecco che la tela acquista potenzialmente tutte le tonalità di cui la nostra mente, ma soprattutto la nostra esperienza del colore, è capace.

È questa la magia della suggestione dello *yūgen*: tenere uno spazio sempre aperto per ciò che potrebbe essere, per il profondo e il trascendente. L'immagine della vera natura di tutte le cose è mediata dalla ricerca di comunione con essa, sia che si trovi alla portata di tutti sia che per raggiungerla sia necessario fare una lunga immersione che potrebbe farci mancare il respiro. Dopo aver esercitato lo stupore di fronte alla meraviglia del creato, spesso ci capita di chiederci come sia possibile riuscire a sentirci parte dell'universo, in una realtà che ci sembra molto più grande di noi. Come possiamo percepire la nostra esistenza in tutto questo? Come trovare il nostro posto nel mondo? Come rintracciare la nostra identità nelle grandi città che abitiamo o mentre siamo in montagna a passeggiare tra alberi imponenti, completamente immersi nella natura?

Nel nostro secolo ci troviamo in difficoltà a ricercare questo punto di contatto genuino, che spesso sentiamo come una forzatura. Le stesse vacanze, che tanto sogniamo per tutto l'anno e definiamo come rilassanti e fuori dal trambusto della città, sfociano poi in realtà nel congestionamento del traffico, nelle spiagge attrezzate, nella spa con tutti i comfort desiderabili. Questo perché è ormai difficile sentirci a nostro agio in un ambiente che non riconosciamo più come nostro. E lo stesso ci può capitare a casa, sebbene sia il posto in cui viviamo e sia quindi magari arredata secondo il nostro gusto, con oggetti che ci appartengono, che abbiamo scelto: a volte, quando siamo sovrastati dal disordine, è difficile identificarvisi.

Forse allora potremmo spiegare lo *yūgen* non come un concetto lontano, ma come la capacità di riavvicinarsi al mondo terreno, allo spazio che ci circonda o, per guardare al mio lavoro, allo spazio della nostra casa; quindi non aspirando al cielo né alle cose distanti, ma a quello che c'è sotto i nostri piedi e intorno a noi.

Non dobbiamo farci abbagliare dalla luce in fondo al tunnel, a cui spesso siamo abituati ad associare un'immagine di salvezza. Secondo il principio dello *yūgen* è invece proprio quel troppo chiarore a rendere le cose indistinguibili, quella luce totalizzante in cui anche il maligno può travestirsi da salvezza. Cerchiamo piuttosto degli ambienti la cui illuminazione possa favorire l'equilibrio, l'unione con ciò che ancora non abbiamo incontrato sul nostro cammino.

A volte possiamo pensare che la nostra vita segua un piano, un percorso prestabilito, e questo ci rassicura. La pianificazione da parte nostra è un modo per fare luce nel futuro, per mettere una specie di nastro adesivo fluorescente a delimitare il tragitto e le eventuali vie di fuga.

Allora forse lo *yūgen* è accorgersi, scrutando attentamente nel buio, dello scalino imprevisto un secondo appena prima di inciampare. Lo *yūgen* è riuscire a camminare nell'oscurità.

15

物の哀れ
Mono no aware

La bellezza nella fragilità e nell'imperfezione dell'esistenza

物の哀れ
Mono no aware
La bellezza nella fragilità e nell'imperfezione dell'esistenza

Honen-in
35°01′26.3″N 135°47′50.7″E

Ci lasciamo alle spalle l'Eikan-Do e seguiamo il Tetsugaku-no-Michi (il "sentiero del filosofo") verso nord. Passiamo attraverso una porta coperta di muschio e immediatamente ci accoglie un'intimità che in molti dei templi e santuari della città, anche più grandi e famosi, non si trova.

Così Toshio e io giungiamo su un sentiero sterrato tra gli alberi che conduce a un cimitero boscoso ancora più sereno del tempio stesso. Le tombe sono adornate con fiori tradizionali, incenso e acqua. La maggior parte ha delle bellissime *sotōba* (strisce di legno dell'offertorio) da esaminare. Ben presto Toshio mi guida di fronte all'illustre Jun'ichirō Tanizaki, la cui tomba è l'unica esposta da sola. Questo luogo fiabesco in cui natura e memoria si fondono riporta il mio amico a uno degli altri grandi e illustrissimi cantori di Kyoto: il premio Nobel Yasunari Kawabata, cui abbiamo già accennato, la cui sepoltura sembra invece essere ignota.

Seduti qui all'Honen-in, a farmi da guida è ancora una volta Toshio, che mi conduce in un breve viaggio nella letteratura del suo paese. Mi racconta infatti che nelle sue opere Kawabata affronta spesso il concetto dell'intensa consapevolezza emotiva di chi ha trovato una casa per la propria anima. La purezza e la tensione al momento di questa scoperta colorano l'intera esperienza con un senso di dolore. Ma si tratta di un dolore diverso da una pura sensazione di depressione o perdita. È piuttosto una sensazione di nostalgia connessa all'incessante cambiamento, alle veloci trasformazioni. Nella tradizione della letteratura giapponese, continua Toshio, la natura ha spesso stimolato tale dolore. Forse perché è indomita, a volte anche spietata, e fatta di esperienze fugaci, basti pensare al ciclo vitale di una farfalla. Ma sono proprio queste sue caratteristiche a esaltarne la bellezza. Ed ecco allora che da essa riusciamo a trarre l'essenza stessa del concetto di *mono no aware*, come spiega il mio amico.

La bellezza dell'effimero

Si sa, in questo mondo tutto è passeggero. La fugacità delle cose, delle situazioni, delle sensazioni e della vita stessa ha riempito le pagine dei più grandi scrittori e filosofi in tutte le culture del pianeta, accompagnata spesso dall'invito a godere il più possibile di ciò che esiste, finché esiste.

La consapevolezza che tutto prima o poi è destinato a finire ha sempre posto l'uomo davanti a un duplice sentimento: da un lato la spinta positiva ad approfittare del momento, la gioia della vita che si manifesta nell'*hic et nunc*; dall'altro la malinconia per la fine che incombe su tutto, la tristezza angosciante di sapere che nulla è destinato a durare. Ma questi due aspetti, all'apparenza così diversi, non sono altro che le due facce di una stessa medaglia; convivono entrambi nell'animo umano, il quale, mentre gode e gioisce per lo spettacolo dato dal sole che piano piano tramonta, è pervaso da una certa malinconia che lo avvisa che quello è l'attimo in cui muore il giorno. Analogamente, nel momento in cui si mette al mondo un figlio, è impossibile non iniziare a temere per il suo futuro e a preoccuparsi per la sua vita, ma allo stesso tempo la gioia che riempie il cuore di un genitore nell'istante in cui posa lo sguardo sul proprio bambino è indescrivibile. O ancora le sensazioni di euforia che si vivono allo sbocciare di un nuovo amore si mescolano sempre a una vaga ansia per il futuro, con la paura che forse queste prime emozioni si perderanno e non torneranno più così intense, la tristezza di una possibile fine che non si sa quando giungerà.

Questa dualità, talmente complessa da esprimere nella nostra lingua – spiegabile solo attraverso l'uso di complicate interpretazioni e giri di parole, che si rivelano talvolta inafferrabili e imprecisi –, diventa comprensibile e diretta nella lingua giapponese, grazie all'espressione *mono no aware*, che, semplificandone molto il significato, vuol dire "pathos per le cose".

Naturalmente la spiegazione di *mono no aware* è molto più complessa di così e va ricercata indietro nel tempo, secondo Toshio addirittura in quello che è considerato il primo vero romanzo psicologico della storia della letteratura mondiale, il *Genji monogatari* (in italiano conosciuto come *La storia di Genji*). Il complesso volume scritto dalla dama di corte Murasaki Shikibu nell'XI secolo racconta le vicende di uno dei figli dell'imperatore; è proprio nel momento finale della sua stessa morte che viene espresso alla perfezione il sentimento di malinconia e pathos nei confronti della caducità della vita, grazie a uno struggente discorso del protagonista, diventato il simbolo del *mono no aware*, in cui esprime gratitudine per ciò che ha vissuto ma anche immensa malinconia per il fatto che quello che è stato è ormai finito e non si ripeterà mai più allo stesso modo.

Si tratta dell'esempio più antico, ma la cultura giapponese è profondamente permeata da questo affascinante concetto.

La bellezza come spettacolo struggente di vita

Da dove deriva linguisticamente tale espressione? È molto interessante analizzarne l'origine e l'evoluzione: *mono no aware* si compone di due parti e cioè *mono no*, che vuol dire "delle cose", e *aware*, che significa "pathos", "partecipazione emotiva", "compassione", "malinconia". *Aware* è un'interiezione simile al nostro "oooh" di stupore, un'esclamazione di meraviglia e inquietudine riferita alla qualità emotiva delle cose e al loro valore intrinseco, che avvolge anche l'essere umano coinvolgendolo nel profondo e influendo in un certo modo sulla sua percezione del mondo esterno. Perciò in origine l'esclamazione e adesso la parola che ne è derivata esprimono entrambe un sentimento molto intenso proveniente dal cuore, che può essere di gioia, stupore, ammirazione, ma allo stesso tempo di dolore, malinconia e tristezza; tutte queste emozioni sono sempre collegate all'osservazione della natura e comportano una partecipazione emotiva nei confronti dell'esistenza.

Mono no aware è quindi la contemplazione della bellezza delle cose del mondo, soprattutto della natura, che provoca stupore e meraviglia, ma con un immediato seguito fatto di sensazioni di nostalgia e malinconia, legate alla consapevolezza della loro caducità e del loro costante mutamento. L'osservazione si fa sentimento e la bellezza diventa uno spettacolo struggente di vita e morte che coesistono nel qui e ora.

Ciò che però manca del tutto nel concetto di *mono no aware* è la tragedia: la malinconia per la fragilità dell'esistenza conduce più a un sentimento di rassegnazione e commozione, lasciando fuori il dramma angosciante della fine. Anzi, si potrebbe dire che proprio questa rassegnazione davanti alla certezza del rapido sfiorire delle cose che ci circondano provochi una reazione opposta, un'esortazione a godere il più possibile dello spettacolo offerto dalla natura. Per cui *mono no aware* parla dell'ammirazione di ciò che esiste, in una silenziosa commozione e in un serafico disincanto che dà una chiara prospettiva sul mondo e sulla sua ineluttabile fugacità, ma senza sofferenza drammatica; è uno sguardo sereno sulla certezza della fine. Un po' come ci sentiamo al termine del processo di riordino dello spazio in cui viviamo: guardiamo la nostra casa con occhi diversi, appagati e, perché no, meravigliati dal risultato ottenuto e motivati dall'aver compiuto scelte difficili, ma consapevoli che ogni cosa è finalmente al proprio posto; e lo siamo anche noi.

Un famosissimo esempio pratico in cui si manifesta appieno il sentimento di *mono no aware* all'interno della tradizione giapponese è la festa dell'*hanami*, di cui abbiamo già parlato in una delle nostre tappe precedenti, ossia la consuetudine di ammirare ogni anno la fioritura dei ciliegi, per godere di questo meraviglioso evento e celebrare lo splendore della natura, con la consapevolezza che i *sakura* vivranno soltanto pochissimi giorni. Ma è proprio la sua caducità a rendere affascinante la natura; la fine che si intravede nella nascita carica la realtà di una malinconica gioia, che ci permette di bearci dell'ambiente che riempie di bellezza la nostra quotidianità e allo stesso tempo di soffrire per l'ineluttabile fine che attende tutto, noi compresi.

Durante l'*hanami* si cantano canzoni popolari dedicate ai fiori di ciliegio, i bambini corrono tra gli alberi sbocciati nei parchi e sull'erba si fanno i tradizionali picnic; è una festa che dura tutto il giorno, fino alla notte, quando arriva il momento di liberare nel cielo le classiche lanterne di carta con attaccati i propri desideri e le proprie speranze. Questa è la massima espressione del *mono no aware*, in una festa che coinvolge tutto il Giappone per contemplare i ciliegi che fioriscono, ammirando lo spettacolo di una bellezza fugace, che mette l'essere umano davanti all'inesorabile certezza della precarietà del reale.

La mutevolezza dell'esistenza è l'essenza delle cose

Ma se questo evento è l'apoteosi della limitatezza delle cose, se l'uomo viene messo davanti alla bellezza che muore nel momento stesso in cui nasce, perché festeggiare? La chiave è proprio questa: la vera bellezza, quella più profonda, sta nella fine; sta nel fatto che nulla è permanente. Per questo, nel breve tempo che abbiamo a disposizione, tutto si carica di un significato più intenso e abbiamo la possibilità di scoprire la vera essenza di ciò che ci circonda, colmi di meraviglia.

Quello del *mono no aware* è evidentemente un concetto molto complesso, poiché esprime una convivenza tra sensazioni per certi versi contrastanti tra loro. Ma non è tutto: la forte empatia nei confronti di ciò che esiste si mescola nell'animo umano con un sentimento di malinconia verso la fragilità della vita e quindi di nostalgia per la certezza che ciò che esiste in un dato momento non esisterà più in un momento successivo. Tutto è caratterizzato da un flusso costante che inizia, muta e finisce: anche nel caso in cui si dovesse ripetere, non sarà mai in maniera identica. La tristezza è inevitabile, dato l'enorme coinvolgimento emotivo dell'animo nei cambiamenti della realtà, che riguardano l'essere umano in prima persona.

All'origine di questa filosofia è chiaramente individuabile una visione estetica dello scorrere del tempo e della sua irreversibile influenza sugli andamenti del mondo: tutto – dalla vita di ognuno di noi agli oggetti, passando per gli elementi della natura – subisce l'effetto dell'avanzamento inevitabile del tempo e ne porta su di sé i segnali. Rendersi conto di questa condizione reale causa nell'animo di chi osserva un sentimento di malinconia e solitudine alle volte estenuante, soprattutto perché siamo consapevoli che tutto ciò che accade alle cose accadrà anche alle nostre vite.

Una visione del mondo secondo il *mono no aware*, però, aiuta proprio a cogliere la bellezza di questa esistenza effimera e precaria, mettendoci davanti all'evidenza di quanto sia sciocco affannarsi e preoccuparsi. Bisogna essere emotivamente partecipi della propria vita, abbracciare la sua caducità e gioirne, senza tormentarsi né per i piccoli disagi quotidiani né per l'idea stessa della fine. La bellezza della vita, in fondo, sta proprio nella sua fragilità: più è fugace e più è affascinante, nonostante possa spaventare e rattristare la costante presenza della fine di ogni cosa. Ma se non fosse così, se tutto fosse eterno e imperituro, non saremmo in grado di sfruttare al meglio ciò che abbiamo e la noia regnerebbe indisturbata; invece è proprio la paura di veder svanire tutto ciò che è bello a indurci ad approfittarne e goderne prima che sia troppo tardi.

Per fare tesoro di questo insegnamento è necessario cercare sempre la bellezza nelle cose, negli attimi, tenendo lontano il pessimismo insito nella paura della morte. Riuscire a cogliere la transitorietà di ogni evento deve assolutamente diventare un aspetto positivo e un elemento di forza per permetterci di vivere in modo più sereno, smettendo di lasciarsi sopraffare dalle angosce e dalla disperazione per un cambiamento costante che conduce tutto alla fine. Nulla può essere eterno e non vale la pena di struggerci per realizzare l'impossibile: la mutevolezza dell'esistenza è l'essenza delle cose, della nostra stessa vita, per cui bisogna vivere ogni giorno con lo sguardo pieno di *mono no aware*, empatia verso tutto ciò che ci circonda, in modo da poter finalmente apprezzare anche ciò che ci fa più paura.

Il *mono no aware* applicato alla vita pratica

Ma come trovano la loro realizzazione pratica nella vita di tutti i giorni questi discorsi astratti che cercano di offrire una spiegazione comprensibile della filosofia del *mono no aware*? Per prima cosa è senz'altro fondamentale cambiare il proprio approccio nei confronti della realtà: bisogna liberarsi dall'angoscia che ci affanna per qualunque cosa e smettere di vivere nella paura della vita, quella paura che ci fa percepire solo il passare veloce del tempo, senza renderci conto di quello che succede nel frattempo. Dobbiamo quindi agire di conseguenza, per esempio imparando a fermarci di tanto in tanto, per poter contemplare, osservare e assaporare il momento che stiamo vivendo, bello o brutto che sia, semplicemente perché abbiamo la fortuna di viverlo; persino nei momenti più bui della nostra vita, la natura che ci circonda è splendida e dobbiamo prenderne atto per far sì che non ci sfugga.

Va affinata, insomma, una certa sensibilità nell'osservazione dell'ambiente che ci circonda; è necessario imparare a valutare con empatia l'esistenza di ogni essere vivente, dall'uomo agli animali, dalle piante ai fenomeni naturali, perché in ogni attimo di vita si cela la sua unicità; stare attenti e riuscire a coglierla per farne tesoro è la chiave del *mono no aware*, abbracciare la gioia per ogni singolo momento vissuto e insieme la consapevole malinconia che porta con sé la quasi simultanea fine di quello stesso momento.

Lo stile di vita nipponico ci insegna molto in proposito, dato che la società giapponese è improntata proprio alla mutevolezza dell'esistenza: la filosofia del popolo del Sol Levante si basa allo stesso modo sul successo e sulla sconfitta, perché entrambe sono condizioni passeggere. Una volta raggiunto il successo, familiare o lavorativo che sia – oppure, per dirla con una metafora che ormai conoscete bene, l'ordine all'interno della propria casa –, dobbiamo tener presente che non è permanente, così come naturalmente accade anche con il fallimento. Ogni situazione nella vita di ciascuno di noi è provvisoria, per questo bisogna approfittare di ogni momento ed esperienza, per percepire il valore di ogni attimo e apprezzarlo per l'insegnamento che ci lascia, senza angoscia per la sua fine: nulla è destinato a durare eternamente, ecco perché la singola frazione di tempo è l'aspetto più importante.

Bisogna lasciarsi stupire dalle cose, poiché ognuna è unica e irripetibile. Così, attraverso questa osservazione di ciò che ci circonda, possiamo sviluppare quell'empatico apprezzamento verso la bellezza effimera che si manifesta nella natura e nella nostra vita, che comporta a sua volta un accenno di tristezza diluito però nell'ammirazione dell'esistenza.

Mono no aware implica la capacità di lasciarsi toccare dal mondo, di essere coinvolti nei vari aspetti della realtà; è un'abilità che va costantemente alimentata e incoraggiata, per fare in modo che non venga soffocata dalle azioni del concreto quotidiano, da quella meccanicità che spesso ci fa dimenticare la meraviglia di ciò che ci circonda.

Un altro aspetto che mortifica questa sensibilità è

la visione utilitaristica delle cose che la società in cui viviamo ci condiziona ad avere: troppe volte si tende a giudicare inutile tutto ciò che non produce guadagno o che non comporta vantaggi pratici in termini di comodità o economia. Ebbene, questo ragionamento è il primo a dover essere modificato abbracciando la filosofia del *mono no aware*: tutto è utile, se fa bene allo spirito. Ogni singolo elemento della nostra realtà ci arricchisce, già solamente per il fatto di esistere, e riuscire a percepire il tempo impiegato a osservare la bellezza della natura non come una perdita di tempo, bensì come un guadagno personale, è un enorme passo avanti per noi stessi.

La prospettiva dettata dal *mono no aware*, nella sua concezione originale, parla di sentimenti legati alla natura; ma oggigiorno, nella nostra realtà, la natura è un concetto molto più ampio e articolato, e nonostante questo sempre in bilico, con la sua fine pronta a intervenire quando meno ce lo aspettiamo. Perciò il "pathos per le cose" può e deve essere sviluppato dal nostro spirito nei confronti di ogni aspetto della vita e della quotidianità. Dobbiamo accettare che, nel momento stesso in cui veniamo al mondo, nasce con noi anche la morte. E questo riguarda qualsiasi cosa. Nell'istante in cui ci sentiamo più vivi percepiamo come maggiormente vivida anche la fine e, quando ciò che ci circonda è al massimo del suo splendore, una malinconia serpeggiante ci avvisa che non sarà sempre così.

È proprio per questo che dobbiamo vivere al massimo la nostra vita; dobbiamo ricercare costantemente la bellezza, anche se effimera, e renderla la parte più importante della nostra esistenza, abbracciando con essa la malinconia della consapevolezza della fine. Guardare il mondo con uno spirito pieno di *mono no aware* significa sviluppare l'abilità di riconoscere il potere di farsi commuovere dalla realtà al di fuori di noi stessi e, come conseguenza, trovare il giusto modo di comunicare con gli altri.

Perché il *mono no aware*, come mi spiega ancora una volta Toshio, non è soltanto nelle cose: è anche nelle persone, in ogni rapporto che intrecciamo. Come le cose, anche le relazioni hanno un inizio e una fine e sono costituite da momenti, attimi fugaci tanto quanto un fiore che sboccia e appassisce. Ogni persona che fa parte della nostra vita è unica e irripetibile, per questo è importante osservare e ascoltare il dettaglio straordinario di ciascuno di noi. Bisogna cercare di comprendere e accettare la vaghezza delle emozioni, che mutano esattamente come le cose, in modo tale da riconoscerle per quello che sono e goderne profondamente prima del loro termine. La percezione della fine non deve demotivarci, deve piuttosto essere un incoraggiamento a innamorarci, deve spingerci a vivere fino in fondo ogni istante e ogni passione. È proprio questo a dilatare la bellezza del momento, rendendo ogni emozione più intensa davanti alla sua fine.

La contemplazione della bellezza

Naturalmente la parte più difficile di tutto ciò è cambiare il nostro atteggiamento per sposare questo particolare aspetto della filosofia giapponese. Se abbiamo sempre vissuto nel timore della fine, perdendoci in una vita fatta di numerose attività frenetiche per evitare il silenzio dei pensieri, è lecito chiederci come fare a cambiare radicalmente la nostra concezione della realtà. Ma è molto più semplice di quanto si possa pensare: basta osservare. Come abbiamo già detto, è proprio questa la chiave del cambiamento.

Osservare la natura che ci circonda, fare caso a ogni dettaglio delle cose, delle persone e delle situazioni, serve a esorcizzare quella paura che ci impedisce di godere davvero della vita; nel momento in cui iniziamo a esaminare attentamente il mondo fuori e dentro di noi ci accorgiamo che la gioia e la tristezza convivono armoniosamente. In questo la natura è una grande maestra: possiamo imparare da lei il valore della bellezza, ma anche della pazienza e del rispetto per noi stessi e per tutto ciò che riempie la nostra vita.

La bellezza è più forte dell'angoscia e, cosa ancora più importante, ci permette di accettare la fine come parte essenziale della vita, senza temerla, senza negarla, apprezzando invece il modo in cui ci consente di ampliare lo spirito e di renderlo sensibile alla meraviglia che caratterizza il mondo in cui viviamo.

Abbracciamo quindi il fascino del *mono no aware*, ricerchiamo e contempliamo la bellezza. In questo modo avremo la possibilità di vivere un rapporto più autentico con tutto ciò che ci circonda.

Mentre io e Toshio ci avviamo, sul monte scendono le ombre della sera e una lieve foschia inizia a salire dal terreno. Sopra di noi, tra gli alberi, ci fissa il muso di un grande cervo. Poi, silenzioso come era arrivato, ci volta le spalle e sparisce nel fitto del bosco.

CONCLUSIONE E RINGRAZIAMENTI

Non avrei mai pensato di scrivere questo libro, né avrei mai immaginato di compiere questo viaggio in un luogo tanto lontano quanto affascinante. Ma, come spesso accade per i migliori viaggi, anche questo – sebbene si tratti di un tragitto metaforico – è stato ispirato.

Ispirato da una terra suggestiva come quella del Sol Levante, tra dragoni d'oro imponenti, placidi giardini zen, paesaggi naturali incredibilmente suggestivi e monumenti mozzafiato.

Ispirato da persone speciali, che sull'onda di una particolare sintonia mi hanno detto: «Partiamo insieme», e che approfitto per ringraziare.

Grazie quindi a Noemi dell'agenzia editoriale Lorem Ipsum, e a tutta l'agenzia, per l'attività di ricerca e consulenza, perché mi hanno dato la possibilità di conoscere le tante cose che di questo paese non conoscevo. E grazie all'editore, Giunti, che ha creduto in me per la realizzazione di questo itinerario alla scoperta della cultura nipponica.

Ho avuto il piacere di compiere in loro compagnia una metaforica camminata attraverso Kyoto e alcuni siti della regione del Kansai, quindici luoghi che si sono rivelati paradigmi ideali di altrettanti concetti fondanti il pensiero filosofico, spirituale, culturale e sociale del paese nipponico.

Con questi meravigliosi compagni di viaggio ho imparato che moltissime, seppure implicite, sono le correlazioni con il mio lavoro e ciò mi ha condotto a esplorare tutti i punti di contatto tra la mia attività di professional organiser e la filosofia giapponese, ogni volta con entusiasmo e passione.

Ho imparato quanto sia importante sentirsi in armonia con lo spazio che ci circonda, aspetto essenziale in Giappone tanto quanto nel mio lavoro; una lezione suprema.

Ho imparato che è importante mettere a frutto le qualità che abbiamo per trovare il nostro scopo nella vita, il nostro *ikigai*. Ho imparato, con il *wabi sabi*, che la bellezza vera, quella più autentica, si nasconde spesso nelle cose imperfette; e anzi che dell'imperfezione è possibile fare addirittura il proprio punto di forza e lasciare che questo risplenda di luce propria; come l'oro, come insegna il *kintsugi*. Ho imparato il valore della pazienza, attraverso il *nintai*. Ho imparato che saper ascoltare è fondamentale per interpretare le esigenze, i sogni e le emozioni delle persone che ci circondano, dei nostri affetti, degli amici, dei colleghi o di semplici sconosciuti, prima con l'*omoiyari* e poi attraverso l'*omotenashi*.

Ho imparato a lasciarmi ispirare dalla natura, a osservarla con occhi meravigliati attraverso lo *yūgen* per apprezzarne tutta la bellezza, la beatitudine e la pace. A comprenderne la forza dirompente seguendo gli insegnamenti dello *shinrin-yoku* e ad accogliere con riconoscenza e rinnovato spirito l'avvicendarsi delle stagioni, esattamente come i giapponesi accolgono la primavera, celebrandola durante l'*hanafubuki*.

Con il *koi no yokan* ho imparato che l'amore non conosce regole e che quando siamo destinati a una persona è il destino stesso a riconoscerla, ancora prima di noi. E una volta che abbiamo trovato quella persona, non ci serve essere circondati da molte cose o accumulare troppi oggetti, ci basta l'essenziale. Perché abbiamo già tutto quello che ci serve per essere felici, come insegna il *danshari*.

Ho imparato che la scoperta della versione migliore di noi stessi, ovvero l'*hanasaki*, passa anche attraverso il *kaizen*, un percorso all'insegna di un'evoluzione costante e graduale che non stabilisce obiettivi lontani e fuori portata, ma si concentra su piccoli passi da compiere ogni giorno. Senza dimenticare che la gratitudine, come insegna l'*itadakimasu*, è una qualità fondamentale da praticare non solo nei confronti degli altri ma prima di tutto con noi stessi.

Tutte queste lezioni mi hanno condotta all'ultima tappa, rappresentata dal *mono no aware*, una sensazione totalizzante che implica il sentirsi coinvolti nelle cose, nella bellezza e al contempo nella fragilità del mondo; sentirsi un tutt'uno con la propria esistenza, pur nella sua imperfezione e fragilità; concetto che implicitamente si ricollega al *wabi sabi*.

Infine ho imparato a leggere in ognuno di questi principi del pensiero giapponese un insegnamento di cui fare tesoro, una possibilità di gioia e arricchimento. Perché ciascuno di loro, pur affondando le radici in un tempo antichissimo, è più attuale che mai, anche in Occidente.

Ogni capitolo di questo libro mi rimanda a determinati ricordi, a persone che ho conosciuto attraverso il mio lavoro e soprattutto alla meraviglia che ho provato di fronte alla vita, che ho imparato a guardare con occhi nuovi e diversi grazie alla saggezza e allo spirito nipponico, ai suggerimenti pratici per un'esistenza più sana, felice e consapevole.

Con l'augurio che queste esperienze, questi principi, così come per me, si rivelino altrettanto preziosi per voi. Portandovi a comprendere e ad apprezzare, tappa dopo tappa, tutta la potenza e l'ispirazione del pensiero giapponese.

E con la speranza che vi accompagnino anche durante il vostro, di viaggio, compiuto con lo zaino sulle spalle o anche solo sognato su Google Maps; qualunque esso sia.